AF599531

Olivier Ducher

All-in

LE LYS BLEU
ÉDITIONS

ISBN : 979-10-422-1191-2

Le 22 juin
Tournoi du casino de Deauville

Il fait 25 degrés, pourtant je frissonne. Il va relancer c'est certain. J'ai collé deux fois sur ses relances, je sais qu'il est costaud. Il y a un as, un roi et un trois au flop, un huit à la turne, et j'ai touché mon carré de trois à la river. S'il a un full au as, je le désosse. Tout en surveillant mes réactions, il compte une bonne pile de jetons. J'évite son regard en signe de gène. Mordra-t-il à l'hameçon ? Je baisse toujours plus la tête pour conforter sa sensation de puissance. Je suis sûr maintenant qu'il a un full, et qu'il se croit imbattable. Il a la certitude de me faire tomber dans un piège. Maniant avec dextérité ses jetons, il essaie de me faire croire qu'il hésite. Je suis un véritable et indécrottable mécréant, mais en tant que joueur, je me raccroche à tout ce qui est possible. Je prie sans vergogne ni regrets, tous les dieux et les idoles existants, pour que tout se passe comme je le souhaite. Beaucoup de joueurs me ressemblent, qu'ils soient croyants ou pas, ils sont quasiment tous superstitieux. Bien qu'ils s'en défendent le plus souvent, quel est celui qui n'a pas eu un corbeau posé sur son épaule pendant une partie ? Oui !

Ce mec qui te regarde jouer pendant un long moment, et que tu ne touches rien. Puis comme par hasard, aussitôt l'énergumène parti, tu rencontres enfin des mains dignes de ce nom. En demandant le time, je devrais le rassurer en lui démontrant mon stress. Je n'ai pas le temps de parler ! J'entends les mots que j'espérais. ALL-IN. Ce qui signifie, pour ceux qui ne connaissent pas les règles du poker, que mon adversaire risque tous ses jetons sur un seul coup. C'est un instant de grande jouissance, avoir le meilleur jeu possible, et se faire relancer. Je colle instantanément en retournant mes deux trois. Je le vois se décomposer en retournant ses deux as, il n'y avait que le carré de trois qui pouvait le faire chuter, tout le monde aurait joué comme lui. Il ne pouvait pas imaginer que j'avais suivi avec une paire aussi petite. Il essaie de rester digne, mais tout le monde sait dans le milieu du poker qu'un mauvais coup comme celui-ci laisse souvent des séquelles à celui qui le subit. Sans un mot il se lève, et quitte la table avec un dernier regard sur mes cartes. J'ai maintenant de quoi tenir, passer le cap de la journée et rentrer dans l'argent. Il faudra pourtant que j'aille très loin dans le tournoi pour me sortir de la merde dans laquelle je me suis enfoncé. Si je n'atteins pas les dernières places, j'aurais fait tout ça pour rien, ou presque !

20 février
Quatre mois plus tôt

Je passe une grande partie de mes journées à traîner dans les rues de cette ville que j'aime, mais qui parfois me sort des yeux. Ces derniers temps, c'est le cas ! Je n'ai rien à foutre depuis des mois, pas un sou en poche et toujours la folie des grandeurs. Le fric que j'emprunte je le flambe aux jeux, que ce soit les courses, les cartes ou les dés. Cela ne peut pas durer indéfiniment. Je dois pas mal d'argent à des gens pas très catholiques. Même si nous étions amis pendant notre jeunesse, ils sont devenus dangereux. J'ai pourtant eu de bonnes périodes, j'aurais pu rembourser une grande partie de ce pognon, même la totalité, en étant un peu sérieux. Mais, comme beaucoup de flambeurs, j'ai trop souvent tenté le diable sur des quitte ou double. Forcément ça craque un jour ou l'autre. J'y pense assez souvent, mais en fait je crois que je m'en balance. Je descends la rue St André, elle est comme à son habitude, bruyante et bondée de monde.

Le bruit de la circulation, mêlé du ronronnement des moteurs, et des coups de klaxon, pourtant prohibés en ville, ajoutent à ce brouhaha. On s'habitue dans la journée à l'odeur âcre qu'évacuent les pots d'échappement. De bon matin, ça prend à la gorge et aux yeux. J'ai l'impression de mâcher l'air ambiant, plutôt que de le respirer. Encore quelques pas, et je serai au café que tient mon ami Jo. C'est l'heure de la partie de cartes ! Mais c'est aussi le moment où, comme tous les matins, tout peut basculer dans ce troquet. Je m'y rends pourtant chaque jour. Les habitués me connaissent et savent que je suis encore une fois à la cave. Maintenant en ayant des créanciers au cul, et ce ne sont pas des gentils. Je ne me cache pas, cela ne servirait à rien. Donc je fréquente mes endroits habituels en les croisant de temps en temps. Une excuse après l'autre, j'arrive à repousser les échéances, ça ne pourra pas durer des lustres, j'en suis conscient. Ils ne me pressent pas plus que ça, en me sachant dans les parages. Notre vieille amitié doit aussi y être pour quelque chose. Mon ardoise au bar commence aussi à s'allonger considérablement. Une gêne plus qu'autre chose, car mon ami ne m'en fera jamais grief. J'évite tout de même d'ajouter encore des lignes à cette liste. Le souci est que pour la belote, il y a au moins la tournée en jeu. Avec mon partenaire, nous nous défendons bien, mais nul ne peut gagner tout le temps.

J'arrive sur la petite terrasse qui, bien que nous soyons en février, est bien garnie. Je serre la main des cinq ou six clients que je connais. Une main se fait plus molle qu'à l'habitude. C'est celle d'un gars à qui je dois un peu d'argent. Il sait que je suis débiteur des caïds et veut se la jouer un peu. Je presse énergiquement le chamallow qui lui sert de dextre, pour qu'il comprenne où se trouve sa place. Si ça va mieux pour moi un jour, je le payerai en dernier ce trou du cul. Je perçois un petit rictus de douleur sur son visage. Il a un sourire crispé, il sait qu'il n'est pas de taille. Je le fixe deux ou trois secondes dans les yeux, pour voir s'il a quelque chose à dire. Rien ne vient. Je pousse alors la vieille porte, pour pénétrer dans la salle. Les clients accoudés au comptoir, ou attablés consomment en discutant, ce qui émet un bourdonnement indescriptible. Par-là, il y a les clandos qui préparent leurs tiercés, chacun défendant son favori.

Plus loin deux blacks et un gitan discutent bruyamment d'une voiture vendue qui ne démarre pas. Ailleurs, 2 vieux, sourds comme des pots, se racontent des histoires qu'aucun d'eux ne comprend ni n'entend, ça ne les empêche pas d'être au rendez-vous tous les matins. La table d'à côté est occupée par deux femmes d'un certain âge, plus maquillées que des voitures volées. Elles boivent le blanc-cassis de bon matin, et d'après le ton de leurs voix, ce n'est pas le premier. Je les connais bien, elles ont tapiné plus de trente ans dans la vieille ville. Maintenant elles ressassent des souvenirs devant des verres qui se remplissent aussitôt qu'elles les vident. Le comptoir aussi est bien achalandé. Jo, en pleine conversation avec des ouvriers qui ont oublié l'heure et ne verront pas le chantier aujourd'hui, m'aperçoit. Me fait signe de la main, pour que j'avance jusqu'à lui. Ce que je fais en serrant encore plusieurs mains. Arrivé à lui, je lui fais la bise.

« Ça va gros ? Tu prends le café ? » me dit-il.

« Oui merci ! »

En attendant mon jus, je regarde autour de moi, en me faisant la réflexion que rien n'a changé en trente ans. Je me demande même si les murs ont été repeints. Je pense que oui, mais n'en ai aucun souvenir. Le sol, c'est sûr, a au moins cent ans. Les vieilles mosaïques publicitaires qui vantent les vertus d'apéritifs n'existant plus depuis les années cinquante sont toujours là. Les tables et les chaises seraient à leurs places chez tout bon antiquaire. La rosace et les moulures du plafond nous renvoient à l'entre-deux-guerres. Pour le bar idem, les métallos qui ont plié les feuilles de zincs du comptoir doivent depuis longtemps dormir de leur dernier sommeil. Je me rends compte que j'adore ce lieu. La grosse voix de Jo me tire de mes rêveries. Je regarde sa tête de tueur. Plus un poil sur le caillou, des yeux noirs sous d'épais sourcils qui les rendent encore plus sombres. Mâchoire carrée et nez cassé ajoutent un plus au tableau. Il se dégage de lui une puissance visible à travers sa carrure, et sa musculature qui n'a pas été forgée en salle de sport. Il est né comme ça, c'est ce qu'on appelle une force de la nature. Comme tout le monde dans le quartier, il a trempé dans les affaires plus ou moins louches. Au fil des années avec intelligence, il avait placé ses billes dans le bar, et en était devenu propriétaire. Si l'occasion de faire des extras se présentait, il n'hésitait pas, il achetait tout ce qui pouvait rapporter de l'argent à la revente. Le bistrot était au nom de sa fille pour protéger l'affaire. Tout ce que Jo se permettait en marge des lois se passait à l'extérieur. Il était considéré comme un simple employé pour les services de l'état. J'étais encore dans mes pensées mélancoliques.

« Oh Gros ! Tu rêves ? »

« Ouai… Je partais loin là. »

Le regard de mon pote trahissait une certaine gêne. J'ai failli penser qu'il voulait me parler de ma note. Cela aurait été étonnant, c'était autre chose qui le contrariait, et qui avait du mal à sortir.

« Gros… » me dit-il, puis se bloqua de nouveau.

« Accouche poto ! Qu'est-ce qu'il y a ? »

« Ben voilà… Le frisé et petit René sont passés tout à l'heure. Ils te cherchaient ». Après avoir fait silence, il reprit.

« Ils m'ont demandé de te dire de les attendre jusqu'à midi, ils vont repasser »

« C'est pour ça que tu me fais ce cinéma ? »

« Eh oui… C'est casse-couilles de faire des commissions comme ça. » Il pense certainement que ça va mal tourner pour moi, et ne veut pas que je crois qu'il approuve leur démarche.

« T'inquiète pas ami, y a pas de blèmes. »

« On ne sait jamais avec eux. Fais gaffe. »

J'étais plutôt content que ce ne soit que ça. De toute manière un jour ou l'autre, il faut que nous ayons une explication. Ce sont des voyous, mais je les connais bien, dans notre prime jeunesse nous avons fait les cons ensemble. Quand ils ont passé la surmultipliée, je me suis écarté. Eux n'ont jamais quitté les chemins tortueux. Ils ne me feront pas de cadeau si je joue la carte du vice et de l'embrouille. Tout le monde sait au quartier, qu'ils ont éliminé ceux qui ont voulu jouer au plus fin, ou qui se sont opposés à eux. Il y a plus de vingt ans de ça, nous formions, avec d'autres jeunes du quartier, une équipe de jeunes loups. Tout le monde était plus ou moins rentré dans le rang. Mais René et Frisé avaient suivi une autre trajectoire. Ils étaient devenus des sanguinaires, de vrais méchants. Grâce à ça, ils ont gravi les échelons dans le milieu, et sont maintenant craints de tous. Tout le monde sait qu'ils sont mes créanciers, il faut donc que je casque. Ils ne pourront pas faire l'impasse même si nous nous sommes côtoyés il y a quelques années. Ne serait-ce que pour leur crédibilité, ils seront obligés d'agir à un moment ou un autre. Je serai sûrement dans une impasse prochainement. Oui, mais bon ! Il n'est pas encore midi, et la belote m'attend. Francis mon comparse pour les cartes, patiente avec les deux vieux qui nous défient tous les jours. Ils jouent bien, mais sont trop frileux, et manquent souvent de bonnes mains par peur de perdre. Avec sa tête de fouine, Francis me fait rire tout au long des parties que nous jouons. Il a encore la coupe mi-longue des années soixante-dix avec la raie au milieu. Deux petits yeux ronds, comme des billes, dénoncent une malice certaine. Derrière sa fine moustache, les bons mots tombent en cascade. Il ne faut pas se manquer avec lui, sinon vous devenez sa cible, et avec quelques phrases il vous met à la risée de tous. La première partie fut une promenade de santé. La galerie s'était formée autour de la table, pour suivre les effets comiques de mon partenaire. Nous étions les survivants de cette belote contrée qui comptait beaucoup d'adeptes quelques années plus tôt. Le rami-poker et autres jeux d'argent avaient pris le dessus sur cette façon ludique de passer le temps.

Après deux autres parties gagnées, les anciens jetèrent l'éponge. Francis toujours taquin lança. « Jo pour les consommations, tu verras avec ces messieurs. » Poussant encore un peu le bouchon, il ajouta en s'adressant à nos adversaires. « J'espère que vous serez là demain. C'est sympa de nous faire profiter de vos retraites. » Sans un mot, ils avancèrent vers le comptoir pour régler l'addition. Avant de partir, ils promettent de nous donner une leçon le lendemain. Quand les gens sont têtus, c'est un régal. À leurs âges il est quasiment impossible qu'ils changent de façon de jouer, ils sont donc condamnés à perdre la plupart des parties qu'ils feront contre nous.

Le bar continue à se remplir. Il est dur de s'entendre sans être obligé d'élever la voix, ce qui ajoute encore à l'atmosphère bruyante du lieu. C'est l'heure où les ouvriers envahissent la salle et le zinc pour l'apéritif, avant d'aller manger. Ça parle, ça boit, ça rigole de tous côtés. La fille de Jo vient de le rejoindre, elle est présente, car il est impossible de gérer seul entre midi et deux le boulot que demande l'établissement. Cécilia est efficace, et connaît bien le métier. C'est une très belle fille de 22 ans, grande, mince avec un visage d'une finesse étonnante quand on voit celui de son père. Elle a par chance tout pris de sa mère. Une femme superbe, dont nous étions tous amoureux dans notre jeunesse. Les mêmes cheveux longs noirs, tirés en arrière, mettent encore plus en valeur ses traits fins, et de grands yeux en amendes d'un vert intense. Elle était toute gamine, quand Claudia, sa mère, s'était tuée dans un accident de voiture. Élevée par son père et sa grand-mère, elle a la gouaille et le bagout des gens de bar. Très avenante et joviale, mais comme son père elle n'avait peur de rien. Gare à celui qui se montrait incorrect, ou trop tactile. Si ce n'était pas par la parole, une bonne baffe remettait à sa place l'inconscient qui pouvait croire qu'une fille de bar ne méritait pas le même respect que toutes autres femmes. S'il ne prenait qu'une gifle de Cécilia, il pouvait se considérer comme chanceux. Car, une fois ou deux, Jo avait fini de faire comprendre au malotrus son impolitesse.

Ce n'était alors pas la même chanson. Je m'approche du comptoir pour commander un pastis, accueilli par un grand sourire, puis une bise de cette fille, que tous les amis de mon âge considèrent un peu comme leur nièce. Son père est à l'autre bout, s'occupant des ouvriers portugais du chantier d'à côté, et d'autres équipes venues se détendre un moment avant de reprendre le boulot. Un sandwich, une bière, un café, et c'était reparti pour quatre heures de chantier. Trois pastis plus tard, je me retrouve seul. Francis est rentré chez lui, ça me gonfle de boire seul. Je décide de partir. Il est presque une heure, toujours personne à l'horizon. Cécilia me sourit de loin, elle voit bien que je me fais chier, mais ne peut venir me faire la conversation vu le monde qu'il reste à servir. J'ai l'impression qu'elle a le béguin pour moi, j'espère me tromper.

Je suis déjà assez emmerdé comme ça. Jo est venu me resservir, il a compris que je voulais prendre la tangente, et veut me retenir. D'après sa conversation avec Frisé et René, il sent que j'ai plutôt intérêt à patienter pour mon rendez-vous. Je n'ai pas le temps de porter le verre à mes lèvres, que je vois les deux compères entrer dans le bar. Aucune animosité dans le regard, ils s'approchent, me font la bise. Je suis obligé de penser au fond de moi que c'est le baiser de la mort. Mais l'affaire n'est pas assez sérieuse pour me valoir une petite promenade[1].

« Tout va bien gros ? » me demande René.

« On fait aller ! Comme ci, comme ça, toujours à la cave et ça dure. »

« On sait gros, on sait », me dit Frisé. « On n'est pas là pour te relancer. Il y a peut-être une solution à ton problème. »

Tous mes sens sont en éveils. Ne pas tomber dans un piège, d'où je ne pourrais plus m'extirper. Ces deux hommes, je les connais depuis mon enfance. Il est vrai que nous avons fait les quatre cents coups ensemble, mais depuis vingt ans, nous ne boxons plus dans la même catégorie. Maintenant, ce sont des méchants, des ultra-violents. À eux deux, ils avaient tué plus de monde que la peste bubonique. S'ils me proposent un deal, et que je refuse, j'aurais certainement un ultimatum pour le pognon que je dois. Ils devinent mon embarras, et rient à pleines dents tous les deux.

« Pas de soucis gros ! Tu vas voir que ce que nous allons te proposer, c'est pénard. Si ça fonctionne, tu nous dois plus rien et y t'en reste, si ça marche pas tu ne risques pas grand-chose, et ton ardoise s'efface aussi. »

La tête que je fais doit être assez amusante, car ils rient de plus belle. Frisé me prend par l'épaule.

« Allez ! On va bouffer, on t'expliquera en mangeant. »

---

[1] Partir en promenade, c'est une balade dont un des promeneurs ne revient jamais.

Je n'ouvrais toujours pas la bouche. Mon cerveau en ébullition essayant de faire le tri de toutes les infos que je venais de capter, pendant que nous traversions la rue pour aller chez Zé. Le restaurant étant juste en face du bar. Zé fait aussi partie des figures du quartier. Nous nous connaissons tous dans ce microcosme que forme la rue St André et ses alentours. À l'intérieur du restaurant, c'est une salle à l'ancienne, enduite entièrement à la chaux blanche. Poutres apparentes au plafond, gerbes de blé séchées et autres objets désuets du travail à la ferme, pour décor mural. Les tables recouvertes de nappes à gros carreaux rouges et blancs, dans la même veine que les rideaux de l'unique fenêtre. Nous pourrions nous croire dans un établissement du sud de l'Italie. Dans le grand four à bois derrière le comptoir, nous voyons les braises des énormes bûches qui enflamment les sarments de vigne que vient de jeter Zé sur ce lit rougeoyant. Il se retourne, sa bonne figure s'illumine de joie. Petit de taille, rondouillard, on dirait qu'il est dépourvu de cou, sa tête semble posée directement sur ses épaules. Avec une calvitie presque totale, son crâne et lisse et brillant. De petits yeux malicieux percent un visage bien rond. Sous un nez tout aussi rond des moustaches à la Salvador Dali, qui bougent à la cadence d'une large bouche toujours en mouvement. Quand elle ne parle pas, elle donne l'impression de répéter en silence les mots à venir.

La salle est pratiquement vide, il reste à tout casser une dizaine de clients. Zé savait que nous allions venir. C'est pourquoi il a alimenté le feu. Il est heureux de nous recevoir. Il embrasse tout le monde. Nous invite à le suivre vers la table qu'il a installée pour nous. Il a la soixantaine passée, et pourrait stopper ce travail harassant depuis longtemps, mais la cuisine, c'est toute sa vie. Son resto, c'est son bébé. Sa famille est à l'abri. Mais il ne peut tout simplement pas se passer de ce qu'il a créé. Il faut dire aussi que l'endroit ne pourrait pas se passer de lui, sans perdre et son âme, et son cœur. Nous voilà installés, sans rien demander, le boss débouche une bonne bouteille de rouge, et remplit nos verres, pendant que le serveur posait sur la table un torpilleur garni de charcuterie.

« Prends un verre avec nous », lui dit René, en piquant une tranche de jambon cru dans le long plat en inox.

« No gracié… Zé rétourne à la couisine, sinon vous allez manger dans ouna ora. Zé vous prépare oun bon pétit plat, et zé révient. »

Voilà pourquoi, nous l'appelions Zé. Car, normalement, ce diminutif est dans le sud octroyé à des Joseph, ou encore José. Lui se nommait Adrianno, mais la façon qu'il avait de prononcer le je avec son accent italien, nous avait tous amusé. Depuis vingt-cinq ans, nous l'avions affublé de ce surnom. Gamins, quand nous réussissions à nous faire un peu de fric, nous venions fêter la chose chez lui. C'était devenu notre cantine. Quand ça allait mal financièrement, Zé nous ouvrait un compte, sans jamais nous faire de reproche. Il était notre bouée de sauvetage. Un jour, il avait eu des soucis avec une bande de petits cons qui s'essayait au racket. Ils venaient d'un quartier pas très loin du nôtre. Il n'en avait parlé à personne. Un pote qui travaillait pour lui en cuisine nous avait mis au parfum. Nous savions où les trouver. En deux temps trois mouvements l'affaire fut réglée. Quand Zé nous vit débarquer dans son resto avec les gars qui lui faisaient des misères, il ne comprit pas de suite, de quoi il retournait. Déjà, à l'époque, René menait la danse. Il s'avança vers lui.

« Zé ces messieurs ont quelque chose à te dire. »

Tout en parlant, il avait attrapé un des mecs par le col de son blouson, et le fit avancer en le secouant dans tous les sens.

« Allez tête de nœud, dit à mon ami ce que tu as à lui dire. »

Le petit voyou, qui était venu une semaine auparavant pour essayer de marcher sur Zé, était blanc comme un linge. Il bredouilla des paroles inaudibles. D'une grande claque derrière la tête, René le reprit de volée. D'un ton plus que menaçant, il ajouta.

« Tu te bouges enculé. »

Le jeune tremblant de tous ses membres s'exécuta.

« Ex… Excusez-nous, monsieur Adrianno. »

Une deuxième claque encore plus violente vint frapper la face du garçon, lui explosant le nez et la lèvre supérieure. C'est ce jour-là que j'ai compris ce qu'allait devenir René. Il allait lui en remettre une autre, Zé s'interposa.

« Va béné René, va béné. »

Les deux autres essayaient de se faire oublier, mais Frisé les prit par les cheveux pour les amener au même niveau que leur ami.

« Vous avez rien à dire vous ? Hein ! Enculés que vous êtes ! Bougez-vous le cul bâtards. »

Il les secouait avec violence, on voyait dans leurs yeux que ce n'était pas la douleur qui était exprimée, juste une peur intense et profonde. Eux aussi sentaient que Frisé et René iraient jusqu'au bout s'il le fallait. Ils s'excusèrent en bafouillant quelques mots. Ils eurent droit à leurs grandes claques dans la figure. Une forte poussée dans le dos pour les renvoyer chez eux, et l'affaire était close. Zé étant napolitain, ce jour-là, il me l'a avoué beaucoup plus tard, il s'était demandé si nous n'étions pas en train de lui faire un travail comme on dit dans le milieu. Le racket fonctionne souvent de cette manière. Des trublions sont envoyés, par les soi-disant sauveurs. Là il n'en était pas question, c'était réellement en toute amitié que nous étions intervenus.

Le patron du restaurant m'avoua aussi que ce jour-là, il avait eu des frissons dans le dos, en voyant l'intervention des deux acolytes. Il est vrai que dans le quartier, personne n'avait à se plaindre de ces deux malfrats. Ils étaient même adulés par la grande majorité des habitants, une population de petites gens, qui pouvait compter sur eux pour des coups de main, ou sur leur aide financière dans les fins de mois difficiles. Ailleurs, on les craignait, ici, ils étaient aimés. Il est amusant aussi de voir à quel point ils se ressemblent. Pourtant, l'un dépasse l'autre d'une tête. Mais leurs visages sortaient du même moule, taillés comme des lames de couteaux, des yeux noirs insondables, inspirant la crainte. Pommettes saillantes, lèvres fines sous un nez busqué fin, mais assez long. Ils peuvent passer pour des ritals, des gitans, et une foule d'autres peuples résidant au bord de la méditerranée. Toutes ces précisions, pour dire que nous sommes comme chez nous dans ce restaurant.

Nous avions attaqué la cochonnaille et le vin, sans savoir ce que nous avait préparé notre ami aux moustaches fines. Je mange en attendant que les frères siamois me crachent le morceau. Ils n'ont pas l'air pressés, ça tombe bien, moi non plus. J'ai envie de savoir, tout en redoutant ce que je vais entendre. Le plus tard sera le mieux. Ils espèrent peut-être que ce soit moi qui pose des questions. Alors tout le monde mange en silence, en s'humectant la menteuse comme dirait Audiard père d'un Chateau-neuf-du-Pape de grande qualité. Le breuvage se marie à merveille, avec les salaisons que la cuisine nous a préparées.

Cela fait longtemps que je ne me suis pas retrouvé en tel équipage. Pas réellement mal à l'aise, mais certainement pas en pleine décontraction. Je n'aime pas m'embarquer sur un bateau dont je ne sais où il accostera. Mon flegme s'en trouve un tantinet perturbé. Je vais quand même manger sans me poser trop de questions. Après on verra.

Fin de la deuxième journée du tournoi à Deauville

Tout va bien, je suis le plus riche à table. Encore trente minutes, pour la fin du deuxième jour de ce tournoi. Je vais enfin savoir à quel niveau je me situe sur l'ensemble des joueurs restants. Il ne faut pas que je m'emballe, ne pas jouer les gros coups, sans la certitude d'être le plus fort. Ne pas agresser les plus riches, et surtout jouer la position, c'est à dire, être toujours le dernier en parole, si je décide de me lancer dans un move. Les minutes passent, les mains aussi. Je ne touche que des poubelles, donc pas de danger de me lancer dans une aventure. Je réussis quand même à faucher les blindes deux fois. Les deux autres gros tapis de la table ont décidé eux aussi de se mettre en stand-by pour arriver au troisième jour sans encombre.

Les autres sont en mode survie, et ne sont pas enclins à tenter le quitte ou double. Au fond, c'est une bonne solution, car demain se jouera certainement très vite la bulle (dernière place non payée). S'ils arrivent jusque-là, ils seront remboursés avec un tout petit bénéfice. Ce n'est pas négligeable quand on a investi cinq mille euros dans son droit d'entrée. L'annonce est faite au micro. Dès que toutes les tables auront terminé la dernière main en court, le tournoi fera une pause jusqu'au lendemain. Les agents de salle arrivent pour distribuer les sacs plastiques qui contiendront une fois étiquetés au nom du joueur, les jetons comptés. Le contenant une fois scellé, lui sera rendu le lendemain, avant la reprise des jeux. J'attends quelques minutes pour connaître le classement provisoire. Soixante joueurs restent en piste pour quarante-huit places payées. Ma position est assez bonne, bien qu'elle soit éloignée de celle que je devrai atteindre, si je veux encaisser la somme voulue. Dix-septième, il me faudra cravacher pour me maintenir, et grappiller les places qui pourraient me mener en table finale. Seule cette solution me remettrait en position de force, et me laisserait entrevoir un avenir radieux. Il faut que je rentre à l'hôtel immédiatement. Ne pas m'arrêter dans une des salles de jeux que je vais traverser en quittant le casino. En faisant les comptes, je n'ai pas de marge. Une fois ma chambre payée, ainsi que les trois ou quatre repas que j'aurais pris en rentrant le soir, il me restera moins de cinq cents euros. Il n'est même pas envisageable de faire le moindre écart. Je traverse au pas de course les deux grandes salles bruyantes, scintillantes de mille feux, et lumières bien choisies pour avoir une incidence sur la façon de jouer des clients. Tout est calculé, de manière scientifique tout comme dans les boîtes de nuit, pour pousser à la consommation. Là-bas pour les boissons, ici pour les jetons. Le son a son importance aussi, le degré des décibels entre aussi dans le calcul mis au point pour altérer la résistance aux dépenses. C'est de bonne guerre, business is business, à chacun de faire la part des choses.

Pour moi le problème est tout autre. Même dans une cave sans éclairage particulier ni sonorisation outrancière, dès que je peux pousser des jetons sur un tapis, je le fais. L'adrénaline qui monte dans ces instants, m'envahit et me procure un plaisir intense. Certains comparent ça à la jouissance sexuelle, je n'irais pas jusque-là. Le plaisir charnel n'a pas de concurrence pour moi. Je suis un parfait toxico de toutes formes de jeux, mais je ne verserais pas dans la folie de comparer la flambe et le sexe. Restons sérieux, sous quelques aspects, il peut y avoir des similitudes éloignées, mais ça s'arrête là. J'ai réussi ma traversée pour arriver à la grande porte centrale. Je me mets en quête d'un taxi, mon hôtel est à plus de trois bornes. La nuit est en train de tomber, sa douceur me donne envie de faire finalement la route à pied. La voiture à laquelle j'avais fait signe de la main vient se garer devant moi. Je renonce à monter à bord, le fais savoir au chauffeur. Ses vitres sont ouvertes, je l'entends râler. Je l'envoie se faire foutre avec un chapelet d'injures qui ferait rougir le plus grossier des charretiers. Je me baisse pour être à sa hauteur, mon regard lui fait comprendre, que je n'admettrais aucune réponse à mes invectives. Il comprend, fait marche arrière et reprend sa place dans la file de ses collègues qui attendent le client. Espérant véhiculer un gagnant qui se montrera généreux. Je laisse donc sur ma gauche le splendide Hôtel

Normandie, remontant la rue Colas pour arriver à la place Morny. Passant devant les vieilles demeures normandes, mélangées aux bâtiments construits plus récemment. L'ayant dépassé, il me reste un kilomètre pour traverser le pont des Belges, entrer à Trouville et rejoindre mon hébergement. Je n'ai pas faim, en arrivant je monte de suite pour mater la télé, et bien me reposer. Me coucher sans tarder, pour me lever tôt. Demain, je veux arriver ayant digéré un méga-petit-déj. Tous les sens en éveil, la tronche fraîche. Si je m'endors trop vite, pas bon non plus. Il faut un juste milieu. Cette promenade m'a détendu, mais j'ai encore les nerfs à fleur de peau. Il me faudra retrouver plus de sérénité si je veux aller au bout de mon rêve. Certains aiment assimiler le poker à un sport. Une ineptie pour moi.

Mais pour attirer du monde, c'est l'alibi parfait. Le seul entraînement que je conçois reste cérébral, et mental. Quand on voit les plus titrés dans ce domaine, il est rare de pouvoir les comparer à des athlètes. Que ce soit dans la forme ou dans le fond. Le recordman de gain, un Américain d'origine asiatique prouverait à lui tout seul ce que j'avance. Car il est plus entraîné au comptoir, qu'au cent dix mètres haies. On ne pourra pas empêcher les gens de vouloir donner une légitimité à un jeu, qui reste un jeu d'argent avant tout. Avec ce que cela implique, de malheur, et de désastre dans certaines familles dès que la passion prend le pas sur la raison. Je ne dénigre pas le système, j'y suis plongé depuis mon adolescence. Je vois seulement ce que ça peut amener dans une grande majorité des cas. Les émissions de télé, où on étale des monceaux de billets de banque sur les tables de poker, poussent un nombre grandissant de rêveurs, à penser qu'ils peuvent changer de vie en un tour de cartes. Je ne veux être l'accusateur de qui que ce soit ni d'aucun système. Que chacun se démerde comme il peut. Mais quand même.

Mon souci pour l'instant est de passer la meilleure nuit possible, afin de mettre le plus de chances possible de mon côté. Moi aussi je joue gros demain. Ma chambre est spacieuse, et confortable. La literie de premier ordre. Après un bain relaxant, je suis dans de bonnes dispositions pour me laisser aller dans les bras de Morphée.

Chez Zé

Le torpilleur de charcutaille étant pratiquement terminé, Zé sort de sa cuisine pour nous rejoindre. « Encora cinq minoutes et va béné », pendant que nous faisions un sort au saucisson, jambon cru et autres terrines, j'ai regardé faire notre ami italien. Il avait déposé deux plats dans le four, et ça sentait fichtrement bon. Il se servait un bon verre de vin, puis remplissait les nôtres pour finir la bouteille. Sitôt terminée, une autre fit son apparition. J'adore le rouge, mais il a la faculté de me détruire si je dépasse une certaine dose. Je vais essayer de le faire durer pour en boire le moins possible. Zé rayonne, il est heureux de nous avoir tous les trois.

Depuis si longtemps qu'il ne nous avait pas eu chez lui réunis. Le plat qu'il avait concocté pour l'occasion ajoutait à son bonheur. « Zé vous ai préparé des carrés d'agneaux. Ils finissent dé couire à la braise. Avec una pulenta et des tomates fraisses qui gratinent à côté. » « Nickel mon ami. » Dit Frisé, qui adorait comme nous ce plat. Il ne me dérange pas qu'on parle cuisine. Plus cela retarde l'échéance de la discussion sérieuse que nous devrons avoir, plus facilement je digérerais ces mets délicieux. Vous me direz que c'est reculer pour mieux sauter, ça m'est égal. Je crains d'avoir à refuser leur proposition, cela me mettrait dans la situation pénible de devoir restituer l'argent que je leur dois au plus vite. Cette perspective n'est pas la plus réjouissante qui soit. Zé se lève et va jusqu'au four pour vérifier la cuisson. Il se sert d'une grande pelle en bois pour sortir les plats en terre cuite. De la table on entend crépiter les graisses de l'agneau fondues en ébullition, qui jaillissent en gouttelettes hors du plat. Ça sentait déjà très bon, maintenant l'odeur prenait possession de la salle. Le son des huiles bouillonnantes, doublé de ces arômes de viande grillée aux herbes de Provence, envahit tous mes sens. Nous sommes proche de régaler nos papilles. L'agneau est transféré sur un torpilleur en inox, arrosé du jus de cuisson. Le plat à gratin est déposé lui, avec un sous-plat installé sur la nappe. La bouille ronde de notre hôte se réjouit une nouvelle fois en voyant l'effet produit sur nous, qui ressemblons certainement à trois gosses à qui on a promis un dessert d'un autre monde. Mais il n'y a que trois pièces de viande, je m'en étonne.

« Tu ne manges pas avec nous ? »

« Non zé manzé avant lé service. Régalez-vous les amis. »

Pas besoin d'ajouter quoi que ce soit. Tout le monde se sert avec avidité. On croirait voir des morts de faim se jeter sur un morceau de pain. On a beau fréquenter les meilleurs restaurants de la ville, quand nous mangeons chez Zé, le réflexe des sauvages de la rue réapparaît sans crier gare. Là aussi pas de grands discours, seul le bruit des couverts tintant contre les assiettes et celui de nos mâchoires mastiquant la viande viennent troubler le silence de cette salle. Il ne reste que nous. Les derniers clients sont sortis depuis quelques minutes. Le personnel restant est en cuisine. Zé s'est effacé pour nous laisser tranquille. L'agneau est parfaitement cuit, grillé sur toute sa surface, et rosé à cœur. La polenta aussi est au top, gratinée sur le dessus, moelleuse à l'intérieur imbibée au fond du jus aillé des tomates fraîches. Moins de dix minutes plus tard, nous sommes repus. De nouveau c'est le silence qui s'installe. Nos regards se croisent, avec un sourire béat qui en dit long sur le plaisir que nous venons de prendre en engloutissant cette merveille culinaire.

Oui, mais voilà, toute bonne chose a une fin. Maintenant la suite risque d'avoir un autre goût. Certainement plus amère que ce que je viens de m'envoyer derrière la cravate. Je regarde René qui réajuste sa position sur la chaise pour se pencher vers moi.

« Gros comment tu es au niveau des banques ? »

Je reste un moment surpris, interloqué par cette question. Captant mon incompréhension, il doit un peu plus éclairer ma lanterne, alors il continue.

« Comment t'y es ? Tu es en rouge, ou tu es clean ? »

« Ben… Ni rouge ni clean. J'ai un compte, mais je ne l'ai pas utilisé depuis des années. Je marche au liquide. Quand j'en ai bien sûr. »

Il est vrai que je n'ai jamais frayé avec le système bancaire, si ce n'est à l'époque où nous sautions les comptoirs pour nous emparer des caisses et du contenu du coffre. C'était il y a longtemps, au moins quinze ans que je n'avais pas émargé aussi sérieusement de la loi. Pendant cette période j'étais passé si près de la chute, que j'avais décidé de tout stopper, pour me consacrer au jeu, et seulement au jeu. Bien, sûr dès que l'occasion se présentait de gagner du pognon facilement, je me suis mouillé. Plus jamais avec une arme. Quand j'avais de l'argent devant moi, j'achetais des lots de matériels volés dans les entrepôts, ou les gares de triage, et en tirais bénéfice à la revente. Mais là s'arrêtait mon implication dans les travers. Frisé, reprit à son tour.

« Alors c'est jouable. » Il se lança dans une explication plus ou moins compréhensible, que j'avais du mal à suivre. Mélangeant informatique, les crédits, les cols blancs, René écoutait lui aussi tout en me regardant et en comprenant que ce mélange d'information que venait de me donner son associé, n'avait qu'un effet, celui de m'embrouiller. Il fallait qu'il répète tout ça, sans faire passer Frisé pour un imbécile incapable d'expliquer un truc assez simple au demeurant. « Je vois que tu es perdu dans tout ça. Comme nous l'étions aussi tout au début, il a fallu évidemment qu'on nous détaille bien le système. Je vais commencer par le début. Mais j'ai une autre question avant. Est-ce que tu es propriétaire de quoi que ce soit ? »

« À part de ma bite et mon couteau ! Non ! » Ma réponse les fait rire.

« Alors je continue. »

Il m'explique qu'un type leur doit du pognon, pas mal de pognon. Ce mec et un as en informatique, il est capable de créer n'importe quel document administratif ou officiel. Il propose pour rembourser de monter des dossiers bidon de crédits. À charge pour eux de trouver les clients et surtout d'encaisser une partie des sommes perçues en échange du service. Cela fait longtemps que ça lui trotte dans la tête, mais il ne se sentait pas les épaules pour mettre ce plan à exécution. Moi, je leur dois quinze mille. Pour voir si c'est fiable et viable, ils préfèrent commencer avec un intime. La prise de risque est minime. Mais s'il y a un dérapage, ils aimeraient s'assurer le concours de quelqu'un qui saurait fermer sa gueule devant les poulets. Je l'écoute avec attention, car si ce qu'il raconte s'avère réel, après plus amples informations, je ne vois pas ce qui s'opposerait à une tentative de ma part.

« Je peux te poser une petite question René. »

« Vas-y. »

« Risques minimes, ça veut dire quoi ? »

« Concrètement, s'il ne remonte pas sur la paperasse, une interdiction de crédit. Après trois ou quatre relances et la menace de saisie par huissier, rien d'autre. » Sa franchise ne faisait aucun doute. Ils avaient l'air tous les deux extrêmement intéressés par cette manière de faire du fric.

« Bien sûr », continue René. « Ce ne sont pas des crédits de banque purs. C'est avec les croums à la conso que ça marche, sinon il faut ouvrir des comptes avec fausses identités, et là tu rentres dans l'escroquerie en bande organisée et c'est plus cher. Là aussi y a moyen de se gaver, mais pourquoi risquer le pire quand on peut avoir le meilleur ». Tout ce que je venais d'entendre me plaisais fortement. Encore un quitte ou double, mais à fort pourcentage de réussite. En plus, faire marron toutes ces sociétés qui s'engraissaient sur la misère des pauvres gens, me ravissait. La voix de Zé me fit sursauter. En pleine réflexion, je ne l'avais pas entendu s'approcher.

« Alora, tuto va béne mes amis ? »

« Mieux que ça, c'est le paradis. » Le hochement de tête des deux compères confirmait mes dires.

Autant que les assiettes, et les plats vides, Frisé confirma.

« Le plongeur aura pas beaucoup à frotter pour laver tout ça ! »

« Oun po dé fromaze ? »

Proposition repoussée à l'unanimité. Nous sommes tous trois gavés comme des oies, plus rien ne peut entrer dans nos estomacs. René demanda l'addition. Zé refusa de la donner, prétextant que la caisse était fermée. Il ne voulut même pas encaisser le vin, en disant que son plaisir de nous voir manger de si bon appétit lui suffisait en payement. René et Frisé se levèrent, ils avaient rendez-vous. Je ne pus me retenir de poser une nouvelle question.

« Ce serait pour quand ? »

« Quelques trucs à régler encore, et surtout attendre que le principal intéressé soit revenu. Il est en Espagne pour deux mois. T'inquiète pas si tu as encore besoin, on est là. Je venais d'entendre les paroles qui tuent.

« Justement, je suis au triple sec. Si tu peux me dépanner encore une fois, ce serait le bienvenu. »

René mit la main dans sa poche, en tira une liasse conséquente, il compta dix billets de cent, me les tendit.

« Mille c'est bon ? » En le remerciant, j'empochais l'argent, il ajouta. « C'est plus un prêt, c'est un placement maintenant. »

Ils venaient de me libérer du poids de plusieurs semaines d'inquiétude et de tracas. Une impression de respirer mieux, d'avaler deux fois plus d'oxygène qu'il y a quelques heures. Il est délirant de constater comment de simples bouts de papier peuvent avoir un effet salvateur sur moi. Cela me dérange de réaliser que je ne vis quasiment que pour le fric. C'est une juste confirmation sur ce qu'en fait j'ai toujours su. Je traverse maintenant dans l'autre sens pour aller boire un coup chez Jo.

En plein après-midi le bar est pratiquement toujours vide. Seule derrière le comptoir, Cécilia attend les clients. Un grand sourire m'accueille encore une fois. Je lui commande un café, en l'invitant à en boire un avec moi. Elle accepte de bon gré. Je suis mal à l'aise quand je me trouve seul avec elle. Si j'ai raison, et que Cécilia en pince pour moi, c'est dans un moment comme celui-là qu'elle me le fera sentir. Quoi qu'il en soit, il ne se passera jamais rien entre nous. Ce serait une pure folie. Ne plus pouvoir regarder son père, mon meilleur ami, dans les yeux. Même me regarder dans un miroir me deviendrait impossible.

Elle se place en face de moi, les coudes sur le comptoir, le menton posé dans la paume de ses mains. Sans sourire, ce qui m'inquiète un peu. Son air sérieux me met mal à l'aise. Pourvu qu'elle ne se lance pas dans des avances, ou un numéro de charme. En y regardant de plus près, ce n'est pas l'image d'une vamp qu'elle me renvoie. Plutôt celui d'une personne tendue, en plein questionnement, presque apeuré. J'ai envie d'en savoir plus sans passer pour un curieux. Elle se redresse, c'est bien le visage de la crainte qui me fixe. Elle se lance. « Comment ça va mon père en ce moment ? » Je reste sur le cul, je m'attendais à beaucoup de choses, mais certainement pas à ça. Il me faut un bon moment pour réagir.

« Comment ça va ton père... Mais tu le vois plus souvent que moi. Qu'est-ce que tu es en train de me demander ? » Je vois ses yeux devenir brillants, elle est au bord des larmes. « Merde, qu'est-ce qui se passe ? Cécilia crache le morceau. Tu en as trop dit ou pas assez. » Elle se rapproche de moi, et lâche.

« Il ne t'a rien dit ? »

« À propos de quoi ? »

« Ben je sais pas justement, mais j'ai peur. »

« De quoi ? De qui ? »

« Je te l'ai dit ! Je ne sais pas. » Il y avait assurément une raison, mais elle n'arrivait pas à exprimer le pourquoi du comment. Je dois lui tirer les vers du nez, sinon, on en a pour des heures, et son père sera de retour bien avant. S'il y a réellement un problème, j'aimerais le connaître. Je pose ma main sur la sienne, en signe de réconfort, et de soutien. Lui faire comprendre qu'elle peut, qu'elle doit me raconter ce qui l'angoisse, et le pourquoi de cette inquiétude.

« Allez, explique-moi. » Les yeux embués, elle entame son explication.

« La semaine dernière, je me suis levée en pleine nuit. Il était dans la cuisine en train de nettoyer son calibre. »

« Et alors ? »

« Je sais que ça lui arrive. Il le sort une ou deux fois par an. Mais il le fait, il le nettoie pièce, par pièce, remet de la graisse, et le replace en haut de l'armoire dans sa boîte en fer. »

« Où est le problème alors ? »

« Laisse-moi finir, c'est ça qui m'a intrigué. Là il l'avait remonté entièrement, le chargeur était en place. Il n'a pas paru gêné que je le vois. Tu le connais, comment savoir ce qu'il pense ce vieil ours. » L'image qu'elle venait de donner de Jo me fit sourire. Très ressemblante la comparaison de son père avec un plantigrade. Aucune émotion ne peut se lire sur son visage. Bonheur ou malheur, il restait impassible. Même dans la douleur physique, on ne percevait pas de changement sur ses traits. Cela ne me donnait pas la raison du stress de la jeune Cécilia. Elle poursuivit « Bon, c'était la nuit, j'étais à moitié endormie donc pas plus. Le lendemain j'ai réfléchi, pendant qu'il était au bar, j'ai vérifié, la boîte était vide. » Je rééditais mon « et alors », ce qui eut pour effet de la faire monter dans les tours.

« Et alors tu me dis ! Et alors… Si le calibre n'est plus dans la boîte, c'est qu'il l'a avec lui. S'il l'a avec lui, c'est que ce vieux con a des problèmes. Et alors ! Les problèmes qu'on règle à coup de flingue, ce ne sont pas des problèmes de tous les jours. Et alors ! Tu me dis ! »

Heureusement que le bar était vide, car elle avait carrément hurlé les dernières paroles qu'elle venait de me jeter à la figure, à travers de grosses larmes qui coulaient sur ses joues. En temps normal, elle ne se serait jamais permise de crier comme ça. Je comprends que quelque chose de sérieux se passe avec mon ami. L'instinct de sa fille l'a poussé à croire que son père courrait un grave danger. Par résonance elle venait de me convaincre de quelque chose d'anormal. Elle enfonça le clou.

« Depuis, je vérifie. La boîte est restée vide, mais la sacoche du vieux pèse une tonne. »

Effectivement il y avait un problème. On ne se promène pas enfouraillé pour le plaisir. Jo devait avoir de gros soucis. Solitaire comme il l'est, il ne s'en ouvrira jamais à personne. Un ours… Sa fille a totalement et entièrement raison. Il faut quand même que j'essaie de la rassurer.

« Je vais voir si j'arrive à en savoir plus. Mais tu le sais, même sous la torture, on ne peut pas le faire parler se sauvage. » Les larmes ne coulent plus de ses yeux rougis, je l'envoie aux toilettes pour se passer le visage sous l'eau fraîche. Son père ne va pas tarder à arriver. Il ne faut pas qu'il la trouve dans cet état. Un moment plus tard.

« Allez fille, j'y vais. Je reviendrais quand tu seras partie. Il est tellement soupçonneux qu'il pourrait imaginer que nous complotons. » Elle me prend le bras, le serrant très fort.

« Nico ! » Elle est la seule à m'appeler par mon prénom, ou son diminutif. C'est drôle pour moi de l'entendre, je n'y réponds jamais. J'ai presque oublié que c'est comme ça que je m'appelle. La mauvaise habitude des quartiers, où les surnoms prennent le pas sur les noms de baptême.

« Nico ! Je le sens, c'est grave, essaye de faire quelque chose. »

« Je tenterai le coup ce soir. S'il ne ferme pas trop tard, j'essayerai de lui parler. » Je lui fais deux grosses bises, et m'en vais. Je n'habite pas loin, n'ayant que la rue Saint-André à remonter. J'arrive devant la vieille porte cochère qui garde l'accès à la cour intérieure. Le battant couine plutôt qu'il ne grince. Pas question de rentrer incognito dans l'immeuble. La gardienne, une survivante de la caste des concierges portugaises, continue d'épier les allées et venues de tout le monde. Résidants ou simples visiteurs. À la base, elle était payée pour ça, et se montrait particulièrement zélée. Un tantinet curieuse même. Elle était marrante derrière ses rideaux, à surveiller les va-et-vient de tous. Cela dit, nous sommes le seul bâtiment, ou aucun cambriolage n'est à déplorer depuis des années. Quand elle part en vacances, c'est sa nièce qui la remplace. Encore plus curieuse, et plus moustachue que sa tante. Je rentrais toujours sans la saluer, pour lui laisse croire, qu'elle était invisible derrière les rideaux de sa loge. Je grimpe les étages qui me conduisent à mon appart, j'entre. Je suis fier de mon petit deux-pièces. Il est agréable et bien meublé.

À chaque fois que j'ai eu du fric devant moi je me suis fait de beaux cadeaux. Le salon est spacieux, séparé seulement par le comptoir de la cuisine américaine que j'ai fait installer. Un grand canapé en cuir posé face au meuble télé, où trônent un écran géant et le matériel hi-fi dernier cri. Une table basse en verre et inox, sur un tapis qui couvre presque entièrement le parquet. Le coin cuisine est équipé lui aussi avec le nec plus ultra, du matos qui puisse exister, bien que tout cet appareillage ne serve que rarement. Là aussi, verre et inox pour le mobilier. Je ne suis que locataire, mais j'ai investi pas mal d'argent depuis quinze ans que j'y demeure. La chambre est plus simple. Un grand lit confortable, une table de chevet, et deux grands placards pour le rangement. En refaisant la salle de bain, j'avais évité pas mal de loyers. Une douche italienne en ardoise, comme l'évier, et le placage mural. Installé dans mon canapé, je devrais me sentir bien après ma discussion au restaurant. Mais je ne pouvais me résigner à me satisfaire de la journée, en repensant à mon ami qui se baladait un puska à la ceinture. J'avais un moment pour réfléchir comment attaquer le morceau. Une seule solution, l'attaque frontale, je ferai ça le moment venu. Après ce repas bien arrosé, je vais sombrer en deux minutes dans une sieste réparatrice.

Deauville

Il est huit heures, je descends prendre un petit déjeuner dans la salle à manger de l'hôtel. Le buffet est très bien achalandé, œufs, bacon, fromage, charcuteries, viennoiseries, salade de fruits, et leurs jus ainsi que toutes les boissons chaudes liées au repas du matin. Sans m'empiffrer, je mange à satiété, pour qu'à la pause de midi, une bonne salade me suffise pour me ressourcer, et continuer le tournoi début de soirée. Après m'être rassasié, je remonte dans ma piaule, me laver les chicots, et récupérer mes affaires. La navette ne va pas tarder, elle me déposera devant le casino. J'aurais le temps de regarder le tirage au sort des tables.

Une fois à l'intérieur, j'épie mes futurs adversaires. Qui dit bonjour à qui. Ce genre de compétition draine une foule d'habitués, certaines affinités se créent au fil du temps, quelques animosités aussi. Tout ça peut servir en cours de partie. Je dénombre ainsi une douzaine de joueurs et joueuses, qui ont l'air de bien se connaître. Plus trois ou quatre participants que j'ai pu observer lors de tournois télévisés.

Dix heures, le moment où démarre la reprise des jeux. J'ai récupéré mon ticket, mon sac de jetons et je cherche ma place. Personne n'est encore assis, je passe sans m'arrêter. Je ne veux pas être le premier installé. Superstition toujours la superstition. Je fais donc un tour, pour laisser le temps à a table de se remplir. Quand j'y reviens, presque tous les joueurs et la joueuse sont attablés. Une seule femme et sept hommes, dont moi, vont donc s'affronter pour le démarrage des hostilités. Je jette un coup d'œil sur les tas de jetons que tous sont en train de ranger en piles de couleurs distinctes. Rien de bien méchant, je dois être deux ou troisième en hauteur de tapis. Aucun joueur du top dix n'est assis avec nous. La femme, je la connais par le biais de la télé. C'est une habituée des gros tournois, je dois donc la considérer comme dangereuse, et surtout sponsorisée. Il est plus facile de pousser les jetons que l'on a devant soi, quand d'autres les ont payés.

Beaucoup d'amateurs perdent leurs moyens en début de partie. C'est souvent dû à l'agressivité des pros qui jouent sur leur notoriété pour écraser la table. Il me suffirait d'une bonne rencontre en tout début pour inverser la situation. Il me serait possible de prendre l'ascendant moral sur certains. Seules les cartes en décideront. Tout le monde est en place quand retentit la sonnerie. Le speaker annonce la première donne. C'est parti, mon kiki. Le sort m'a donné le bouton, très bonne place, puisque je suis dernier en parole. Le croupier entre dans mon estime, en me servant as et roi de cœur. Les trois premiers jettent leurs cartes, le cinquième relance, en doublant la mise. Le joueur à ma droite pousse ses cartes en signe d'abandon. Je réfléchis à mon tour, et relance moi aussi du double de sa mise. Les deux blindeurs se couchent, nous nous retrouvons en tête à tête, il call. (Il ajuste sa mise à la mienne.) Pour que le donneur retourne trois cartes. (Le flop.) S'alignent alors sur le tapis, le sept et le huit de cœur plus l'as de pique. Un tirage parfait pour moi. J'attends serein la suite. Le mec qui a relancé est short, mais il continue son attaque en se défaisant du tiers de ses jetons. Je le suis sans relancer. La quatrième carte retournée est appelée la turn. C'est une dame de trèfle, rien de mauvais pour moi, mais j'ai l'impression d'avoir mal joué, en n'essayant pas de le faire coucher avec une grosse mise.

Il a peut-être as – dame, si c'est le cas, je l'ai dans le baba. Il pose la main sur ce qui lui reste de jeton, me regardant avec une figure de perdant. Je suis sûr maintenant qu'il a bien un as accompagné d'une dame. Son cinéma est trop visible. Il met tout ce qui lui reste disant all-in d'une façon qui me conforte dans mon idée. Il est probablement max. (Jeu le plus fort avant tirage.) En payant, je ne me ruinerais pas, mais je tomberais à la cinquième position sur la table. En même temps j'ai aussi un as et je joue tous les cœurs. Si je gagne le coup, je deviens le boss de la table, je prendrais pas un ascendant sur les autres, car j'ai mal négocié la mène. Le gars s'est levé, il attend debout que je me décide. C'est un défi. Putain ! Je ne veux pas perdre le premier coup. En me couchant, je le perds.

Après réflexion je paye. On annonce dans la salle qu'un tapis est en jeu. Le speaker, arrive micro en main pour commenter le tirage de la dernière carte (la river). Le croupier attend donc qu'il soit présent. Mon adversaire a retourné son jeu, il a bien as-dame. Après une carte grillée, l'ultime est retournée. Je vois du rouge, et encore mieux que ça. Le dix de cœur, j'ai ma couleur. Je gagne en sortant un joueur. Le perdant est livide, mais il fait bonne figure devant l'assemblée. Il me serre la main, tourne les talons, et sort de la salle sans un regard en arrière. Je viens de passer pour un chanceux, et certainement limite. À cause de ma façon de jouer. Tout ce qu'il faut pour ne pas être pris au sérieux. J'en suis heureux, au moins on se méfiera de moi, au plus j'aurais de chance de masquer mon jeu. Car je n'ai pas de ligne directrice dans ma façon d'aborder le poker. Je suis un intuitif, paradoxalement à un jeu qui est basé sur le calcul de probabilités, et au pourcentage de chance de toucher les cartes attendues. Je varie mes coups au fil des mains, et des personnes qui sont en face de moi. Bien malin celui qui pense pouvoir me décoder. De plus je ne bluffe quasiment jamais, je joue plutôt serré. Je suis ce que l'on appelle dans le jargon une serrure. De temps en temps pourtant, je ne dédaigne pas voler les blindes avec une bonne position. La table est silencieuse, ni vannes ni discussions comme sur beaucoup de tables. On dirait que ce premier coup a plombait l'ambiance. C'est une bonne chose pour moi, j'ai horreur de toute cette fausse sympathie que se montre un grand nombre de participants. Tout le monde veut passer pour le killer, mais d'un autre côté, arrose l'assistance de grand sourire, et de paroles de soutien aux perdants. Sans compter les compliments sur telle ou telle façon de jouer. Moi je suis là pour ramasser le maximum de pognon, et sortir le plus de joueurs possible. Toutes ces courbettes, et ces passages de pommade ne servent en réalité qu'à une recherche d'information sur l'adversaire. Un autre aspect de ces rassemblements, une grande majorité des gens assis aux tables parle l'anglais. Je n'y entrave que dalle, un élément de plus qui me pousse au silence. L'observation de l'autre, ses tics, ses mimiques, et autres petits travers sont à double sens. Le cinéma pourrait venir recruter autour des tables. Quelques-uns pourraient être oscarisés grâce à leur jeu d'acteur.

Je continue à ne pas moufter, les autres commencent à se détendre au fil des mains. Heureusement que j'ai ramassé le premier coup, car je ne récupère que des poubelles depuis plus d'une heure. Sur les autres tables, il y a eu des sortants. Sur l'écran géant qui informe du déroulement, je vois que le nombre de survivants se réduit. Encore cinq éliminations et nous serons dans l'argent. Je fais vite les calculs, je suis en dixième position. Pour l'instant cela ne veut rien dire. Je préfère quand même la mienne, à celle de mes voisins de table.

Le croupier s'apprête à donner une autre fois. Je suis au bouton, et j'ai enfin en main des cartes valables, as-dame de carreau. Tout le monde passe, je relance de trois fois la grosse blinde, la petite se couche, il reste la grosse. Le type est à l'agonie, il ne lui reste que très peu de jetons. Il réfléchit et prend la seule décision possible, en poussant ce qu'il lui reste au milieu du tapis. Je mets le complément demandé, ce qui ne me ruine pas. Nous retournons nos cartes. En face, rien de bien costaud, valet et dix dépareillés. Le flop est posé, dame, dame et deux. Il n'a que l'espoir d'une suite pour gagner. La turn dévoile un cinq, rien ne peut venir le sauver. On se serre la main, au même instant un autre éliminé est annoncé. Le chef de salle stoppe les donnes, la table éclate. On m'alloue un nouveau numéro, je rejoins donc une autre partie.

J'ai horreur de quitter ma place après une bonne main. Toujours cette maudite superstition. Je pose mes fesses au numéro attribué, mauvaise surprise, je reconnais deux caïds de la profession, dont le chip leader. Il possède le double de mon tapis. Le deuxième lascar est en perdition. Une très jolie femme est assise à ma gauche, à la tête elle aussi d'un joli magot. Rien d'autre à signalé. Encore une heure et ce sera la pause. Le champion désargenté a tout envoyé et attend debout le résultat de la donne. Ils sont deux à l'avoir collé dont la belle blonde. Le croupier tourne les cartes, c'est pour la fille. Elle les met dehors tous les deux, en augmentant considérablement sa cave. Les cartes ont parlé, deux nouveaux éliminés. Maintenant c'est la période de tension, le moment de la bulle. Celui ou celle qui sera éjecté sera allé à Rome sans voir le pape. C'est souvent très long et assez angoissant pour ceux qui sont mal placés. Tous espèrent qu'un autre fera la faute, et le laissera entrer dans les gains. À la surprise générale, à la première donne, il y a un tapis annoncé. Tout s'arrête et se fige. Je regarde la dernière table, deux hommes debout attendent le verdict des cartes. Un seul se rassoit, avec un bras levé en signe de victoire. L'autre quitte tête basse et la mort dans l'âme la salle où nous sommes installés.

Dès ce moment, le danger grandit. Une fois entré dans l'argent, les plus pauvres se transforment en kamikasé en envoyant all-in avec tout et n'importe quoi. Dans la demi-heure suivante, cela se vérifie, cinq nouveaux sortants. Plus que quarante-trois participants, et quelques minutes avant la pause. Je vais donc laisser courir, et attendre tranquillement la fin de la matinée. Les jeux que je touche ne me permettent pas de faire autrement de toute façon.

L'annonce est faite, nous pouvons aller nous restaurer, et nous détendre un peu.

Chez moi

La nuit est tombée quand j'ouvre l'œil. Le vin a fait son effet, j'ai une barre en plomb sur le front qui m'empêche de me lever. Un mal de crâne que je connais bien. Le mélange du pastis et du rouge. Chaque fois c'est pareil. Je le sais, j'adore ces deux alcools, mais je fais l'erreur quand même, l'aspirine répare ma connerie. Je reste allongé en attendant d'avoir moins mal. Puis je me lève d'un bond pour me servir un verre d'eau avec deux cachets. Ensuite je passe de l'eau sur ma figure, histoire d'essayer de me réveiller un peu. Dehors il fait froid, mais je dois sortir pour aller voir Jo. Le problème reste entier pour moi. Il n'est que dix-huit heures, j'ai donc le temps de réfléchir encore à la façon d'aborder mon ami sans le bloquer. J'allume la télé, m'installe dans le canapé, j'ai deux heures à tuer. Je me mets sur la chaîne poker. Presque un an que je me suis mis à ce jeu. Avant ça, j'étais, comme tous les flambeurs, un adepte du vrai poker, cinq cartes fermées, où on pouvait gagner sans jeu si on avait un peu de couilles. Avec ce jeu, il est aussi possible de bluffer, mais on ne cache que deux cartes. De plus une jeune génération de joueurs a émergé, ce sont tous des teigneux qui s'accrochent et viennent te chercher jusque dans tes derniers retranchements. Ils n'ont peur de rien.

Tous ou presque ont chargé leurs comptes en banque sur le net, et s'attaquent depuis quelque temps aux tournois live, avec beaucoup de réussite, pour certains. J'apprends encore en étant persuadé que mis à part les bases, et la bonne assimilation de la force des positions, quatre-vingt-dix pour cent du jeu reste la chance. Je me marre chaque fois que j'entends les commentaires des consultants, qui badent et encensent certains des joueurs, qui touchent très souvent les as ou les rois. C'est avec la chance qu'une grande partie des champions a assis sa réputation.

Mais le temps passe vite devant la télé. Il est presque neuf heures. J'enfile une veste chaude, avec capuche fourrée. Il caille dehors, la journée ça passe encore, mais dès que la nuit tombe, il fait un froid polaire qui me glace les os. S'il n'y avait pas cette histoire avec Jo, je ne mettrais pas le nez dans la rue. Je redescends donc jusqu'au bar. En arrivant, je ne vois rien à l'intérieur, tant la condensation avait opacifié les vitres d'une épaisse buée. En poussant la porte, je remarque le regard de mon pote, il a tourné la tête brusquement sans me reconnaître de suite. Même si ses yeux ne trahissent aucun trouble, je vois bien qu'il est tendu. Cécilia doit avoir raison. Il se sent en danger, il ne reste que deux clients qui sont encore au comptoir à siroter des pastis. Les casses burnes de la fermeture, comme chaque soir. Il y a encore quelques années, les bars étaient encore pleins à cette heure-ci. Gérants et patrons qui tenaient les établissements savaient que les recettes restaient conséquentes, donc aucun problème pour les fermetures tardives. Mais depuis une dizaine d'années, avec la multiplication des contrôles, la cherté de la vie, et les nouveaux centres d'intérêt des jeunes, rester ouvert ne permettait plus de payer l'électricité. Dorénavant il faut pousser les retardataires dehors, pour ne pas perdre d'argent, ou même du temps.

« Jo, tu as fait la machine ? »

« Oui ! Mais c'est bon ! Tu veux le café ? » Avant que j'aie pu répondre, il m'en fait couler un.

Pendant qu'il surveille mon café, je remarque sa sacoche posée sur le journal en haut de l'étagère. C'est parfait pour ce que j'ai besoin de savoir. Je passe derrière le comptoir en disant.

« Je te prends le journal. » Je vois qu'il fait un mouvement pour se retourner, il se ravise. Il ne veut pas me mettre la puce à l'oreille certainement. En jouant bien le coup, je vais pouvoir la faire tomber. Aussitôt dit aussitôt fait, en touchant l'estrade en bois, le sac fait un bruit énorme me faisant sursauter. Jo ne peut s'empêcher de lever la voix.

« Fais gaffe gros ! Merde ! »

« Désolé, Jo. » Je me penche pour la ramasser. Quand je me relève, il est devant moi, me la prend des mains assez sèchement. J'ai maintenant la certitude que sa fille ne s'est pas trompée, le calibre est bel et bien là. L'attitude de mon ami confirme s'il le fallait encore ce que je pense maintenant. Je vais pouvoir l'attaquer sans être obligé de tergiverser. Est-ce qu'il l'a senti ? Je ne sais pas.

Toujours est-il, qu'il invite les deux piliers à vider leurs godets, car c'est l'heure de fermer. Ils ronchonnent un peu, mais s'exécutent. Jo les raccompagne et tire le verrou derrière eux.

« Tu veux un coup de main ? » Sans attendre de réponse, je commence à monter les chaises sur les tables, pendant que lui finit de nettoyer le comptoir. Quand j'ai terminé, je m'accoude au zinc et sur le ton de la plaisanterie je lui lance.

« Oh, Jo ! t'y as peur des braquages ? »

« Pourquoi tu me dis ça ? »

« Par ce que ça faisait longtemps que je t'avais pas vu calibré. » Il me regarde avec un drôle d'air. Il allait nier, mais je ne lui en laisse pas le temps.

« Tu crois que j'ai pas senti le poids de la sacoche. N'essaye pas de me faire croire que c'est des pièces de monnaie. Il ne répond pas. Son silence en dit long. »

« Qu'est-ce qui se passe ? Tu as des soucis ou quoi ? »

« Non rien de sérieux. »

« Comment rien de sérieux ! Tu te balades chargé, et tout va bien ! » Il n'a aucune envie de raconter. Pour ce solitaire, rien de plus dur que de se confier même à un ami. Je vais le titiller un peu pour que ça sorte, et avoir la finalité de cette situation.

« Jo ! Explique putain ! »

Il jette son torchon sur la machine à café et s'approche. Là il me raconte que dix jours auparavant, il était dans un bar au quartier du moulin pour une affaire de bijoux. Il a fait ce qu'il avait à faire, puis un verre après l'autre il était resté à l'apéro. Mais dans la soirée, un jeune était venu lui chercher garouille. Comme ce n'est pas un modèle de diplomatie. Il lui avait répondu par un droite gauche au menton. Quand le gars s'était relevé, il n'était pas revenu à la charge. Mais son regard en disait long sur ses pensées. Jo avait d'ailleurs écourté sa soirée, craignant de le, voir revenir armé. Il a appris plus tard par les amis avec qui il était en affaire, que le jeune avait juré de se le faire. De plus, il était le fils de Grégoire, le boss du quartier. Frisé et René étaient au courant, et lui avaient conseillé de prendre des vacances. Le temps que l'histoire se tasse. Ils connaissent le jeune. Un chien fou à la gâchette facile. Ils travaillent avec le père, et savent que le gamin est incontrôlable.

« Voilà mon ami, c'est tout ce que je peux te dire. »

« Pourquoi tu ne prends pas un peu de distance ? »

« Tu rigoles ou quoi ? Je vais baisser le froc devant ce petit con ? »

« Non… Si René peut arranger le coup, c'est plus simple. »

« Ils vont rien arranger du tout ! Ils sont en affaires avec le Greg, et y a que le pognon qui compte pour eux. S'ils m'ont demandé de m'éloigner, c'est juste pour que le quartier reste tranquille. Que j'aille me faire fumer ailleurs. »

« Non Jo… Je ne pense pas qu'ils soient aussi tordus que ça. Nous étions amis. »

« Que tu crois mon pote ! On n'est rien pour eux. Même quand nous étions jeunes, s'il avait fallu nous marcher sur la tête, ils l'auraient fait. Et sans hésiter. Ne rêve pas c'est pas le pays des bisounours. »

Je n'essaie pas de le convaincre, car au fond je sais qu'il a raison. Ils n'ont jamais eu de vrais amis. Il y a vingt-cinq ans de ça, nous étions toujours ensemble, et les deux associés formaient déjà un duo à part dans la bande. Je n'ai qu'un espoir que le jeune voyou laisse tomber, et ne mette pas ses menaces à exécutions. Le portrait que m'en a fait Jo laisse craindre le contraire. Vingt piges, il ne doit rien avoir dans le cigare. De plus, si c'est son père qui s'est occupé de son éducation, il n'y a que chez lui, devant les vieux du quartier, n'a pu qu'augmenter sa rage. Reste plus qu'à attendre, en priant que l'histoire se tasse. Je reste jusqu'à la fermeture complète et raccompagne mon pote qui prend le même chemin que moi pour rentrer chez lui. Je ne suis pas fâché d'arriver à la maison. En poussant la porte du porche, je devine la moustache de notre concierge derrière son rideau. Elle a entendu le couinement des gonds et surveille toutes lumières éteintes le passage du visiteur nocturne. Le rideau a bougé, elle a dû retourner devant sa télé après m'avoir reconnu. C'est mieux qu'un système d'alarme, ce grincement des ferrures de l'entrée. Lubrification interdite jusqu'à nouvel ordre. Avec la mégasieste que je me suis tapée, le sommeil sera long à venir. Un ou deux DVD seront nécessaires pour m'aider à fermer les yeux.

Reprise du tournoi

J'ai avalé une salade et un soda, acheté deux barres chocolatées pour les petits creux de l'après-midi. Puis tournant encore en rond un moment pour attendre, que la table se garnisse, je m'installe à ma place. Quelques secondes d'attente, l'annonce par la sono de la reprise, et c'est parti. Les dix premières mains ne valent rien pour moi. Les autres joueurs eux non plus ne doivent pas avoir grand-chose. Nous assistons à une bataille de blinde. Personne n'a rien perdu pendant cette période, bien sûr rien gagné non plus. Un long moment passe encore sans toucher une main digne de ce nom. Il faut que je reste concentré, surtout que je ne m'énerve pas. La blonde s'est ramassée contre le plus en difficulté, ça équilibre les caves. Je suis étonné que le champion n'essaie pas de prendre le dessus plus souvent. Le nombre impressionnant de ses jetons lui permettrait normalement de figer la table, et de voler une partie des blindes. Je ne le connais pas plus que ça, mais ce doit être une serrure, encore plus hermétique que la mienne. Ma méfiance s'accroît à son égard. Si je dois l'affronter sur un coup, je devrais être max avec certitude. Encore une heure de passée et toujours rien de conséquent, j'ai réussi à voler deux fois les blindes sans prendre de risque. Sur les autres tables, six nouveaux joueurs sont sortis, nous ne sommes plus que trente-sept. Ça commence à sentir bon !

Mais, le chemin est encore long pour arriver à mon objectif, celui qui me permettait de régler tout mon passif, et d'avoir les moyens quand même de voir venir assez longtemps. J'en suis là dans mes pensées, quand je vois mon jeu. Deux femmes, avec une position moyenne, à trois places du bouton, les deux qui doivent parler avant moi, jettent leurs cartes au croupier. Cela me soulage, car il y a le leader parmi eux. Je relance deux fois et demie la grosse blinde, ma voisine se couche. La petite blinde réfléchit et jette ses cartes. Le tenant de la grosse prend un long temps de réflexion, puis pousse son tapis. C'est le moins gros de la table. S'il me bat, mon avoir, ne sera entamé que très légèrement, sinon bonne opération pour moi, et un mec de plus éliminé. Je complète donc. Mon adversaire se lève en retournant ses cartes, il a deux trois. Debout il attend le flop qui arrive. Pas bon pour moi, un trois, un dix, un neuf. De plus en plus tendu, il fixe le tapis en marmonnant. Il sait que tout peut arriver. La suivante est un valet, ce qui m'ouvre un panel important de cartes en plus pour la victoire. Effectivement, les huit et les rois créeraient une quinte pour moi, elle battrait son brelan de trois. Le croupier prend tout son temps, ça agace le type qui s'impatiente. La dernière est miraculeuse pour moi, une autre dame apparaît. Brelan supérieur, j'ai gagné. Le perdant ne peut contenir sa colère.

« Putain ! C'est pas vrai… Putain de merde ! Je suis maudit. »

Il tourne les talons en lançant un regard assassin au croupier, comme si le pauvre gars y était pour quelque chose. Certains ne savent pas perdre. Il nous en a donné la preuve. Je n'ai rien dit comme à mon habitude, mais l'emportement du type occasionne les commentaires de mes voisins de table. Particulièrement du leader. Pendant que trois nouveaux joueurs s'installent aux places qui leur sont attribuées. J'écoute ce qui se dit tout en observant les arrivants, plus que les commentaires, c'est la profondeur de leurs tapis qui m'intéresse. Je suis rassuré, pas de gros poissons en vue. Tout roule pour l'instant. La conversation continue.

« Il est gonflé le mec. Il part à tapis avec une paire de trois, et il pleure. » La femme embraye, en approuvant.

« Il touche son brelan au flop, mais il part à l'agonie, c'est vrai que de perdre à la river, c'est rageant, mais il a exagéré. » D'un hochement de tête, j'approuve ce qui vient d'être dit, et la partie continue. Déjà presque trois heures que nous jouons.

Une pause de dix minutes va intervenir. Je ne suis pas fatigué, j'aimerais continuer sur la lancée. Mais le règlement est le règlement. Je me lève pour dégourdir mes jambes, un peu le cerveau aussi. Ce n'est peut-être qu'une impression, mais je pense mieux jouer quand le temps s'étire. Que les heures s'accumulent. Ce petit intermède me permet d'apprendre que le nerveux n'est pas le seul à avoir quitté le tournoi. Il reste maintenant trente et une personnes pouvant prétendre à la table finale. Je fais un petit tour pour inspecter les piles de jetons, il n'y a seulement qu'un super costaud. Avec lui de ma table, ils ne sont que deux à être réellement bien au-dessus de moi. Je suis toujours dans les dix premiers, sans faire de grosses fautes, je peux me maintenir. D'après ma petite expérience, ça devrait s'emballer très bientôt. Vu le nombre de petit tapis, c'est pour eux, maintenant ou jamais. Dans le lot, il ne doit pas y avoir que des serrures, et les jetons vont valser sur les tapis.

Nous sommes donc sept à reprendre la partie. Je m'étonne d'ailleurs qu'ils nous aient laissés si longtemps à cinq. Une fois encore, les cartes sont comptées, mélangées par le donneur. Une main, deux mains, trois puis dix, mais rien de rien ne vient troubler le calme de la table. On pourrait croire qu'un accord unilatéral a été conclu sans que personne n'ouvre la bouche. Un pacte de non-agression, en somme. Chacun ramasse la petite blinde quand il a mis la grosse depuis près de quinze mains. Ou ça continue, ou un massacre se prépare. Tiens, il suffit d'y penser pour que les hostilités démarrent.

Je suis avant le bouton quand le premier de parole relance de quatre fois la grosse blinde. Son voisin se couche, le leader relance du double, à ma droite on jette le jeu. J'ai attendu pour voir les miennes. Paires de dix. C'est un bon jeu, si le leader est vraiment costaud, il aura tout le loisir de me laisser venir. Est-ce que je peux envisager de jouer mon tournoi sur une paire de dix ? Là est la question ! Sachant que je suis couvert par le plus gros tapis, et qu'il a relancé avant que je puisse intervenir, je prends un long moment pour prendre une décision, et je jette mon jeu. Beaucoup me voyant balancer une paire, penseront que je suis frileux, d'autres, un peu fou, mais j'ai pris une option sans regret. Ce que je redoutais ce passe exactement comme je l'avais pressenti. Deuxième relance de l'ouvreur, et tapis du leader suivi immédiatement par le relanceur. Ils retournent leurs cartes. Le premier a as et roi de cœur. Le second deux as. Mauvaise limonade pour les cœurs. Le flop est sorti, deux de cœur, trois et sept de trèfle, il faut deux autres cartes de sa couleur, ou deux rois pour pouvoir s'en sortir à la main la moins forte. Le suspense est à son comble quand le croupier retourne un valet de cœur à la turn. On entend murmurer le gars, « cœur cœur cœur. » Mais la dernière est de nouveau un trèfle. Le perdant reste souriant, il serre la main de tout le monde. Il encaisse quand même presque douze mille euros en finissant vingt-sixième. D'autres sont sortis avant lui. Je suis content de ma décision. Le seul inconvénient de cette mène, c'est que le gros tapis a encore enflé. Le temps passe sans que je vois un jeu qui me permette de tenter une attaque. Mais je ne me pose pas trop de questions. Je vois encore partir des participants, si tout se passe bien en fin d'après-midi il ne restera que deux tables. Tout sera alors possible. Si j'arrive au repas du soir avec assez de jetons, je pourrais changer de programme et me montrer plus agressif. Je supporte mal l'horaire de cette pause du soir. Dix-neuf heures trente, c'est bien trop tôt pour moi, nous n'y sommes pas encore. Je ne touche toujours rien, les blindes et les antes grignotent doucement mon pactole. Merde de merde c'est pas le moment de flancher. Seulement résister n'est pas la solution. Sinon j'arriverais en position de faiblesse, quand l'enjeu deviendra essentiel dans le schéma que j'aimerais voir se dérouler. Vu les éliminations survenues depuis la reprise, je dois être encore dans le top dix. Seulement, si ça continue dans cette configuration, je vais fatalement perdre des places. Si j'arrive à maintenir ma position pour arriver dans les seize derniers, je pourrais alors, légitimement, viser la table finale. Sinon je devrais prendre tous les risques pour y accéder. Seulement, ne pas jouer sereinement peut amener à prendre de mauvaises décisions, celles-là même s'avèrent souvent fatales à ce niveau. Rien ne va. Je vois les gros devenir plus gros, et n'arrive pas à me hisser jusqu'à eux. Ils s'éloignent un peu plus de moi. Cette fois-ci j'attends avec impatience le prochain arrêt du tournoi. Ce sera le dernier de la journée. Je sens un vent mauvais souffler dans ma direction. Mon envie de regarder mes cartes s'estompe, tellement mon écœurement grandit, à force de découvrir les poubelles qui me sont servies. Je ne dois pourtant pas montrer de lassitude. Mes adversaires pourraient s'en rendre compte, et m'attaquer à chaque main. La position est bonne pour moi dans ce qui devrait être un des derniers coups. Des cartes enfin potables, les quatre avant moi jettent leurs jeux. Je relance de trois fois la grosse blinde, la blonde se couche, la grosse blinde hésite. Je le regarde, sachant que c'est ALL-IN ou rien. Il prend son temps, il essaye de réunir le maximum d'information sur moi. Est-ce la position qui m'a poussé à relancer ? Est-ce que j'essaye de voler les blindes ? Tous les joueurs tentent de découvrir des indices révélés par des tics nerveux, des mimiques trahissant le mauvais bluffeur, un regard donnant des indications la crainte ou la certitude d'être bien ou mal placé. C'est pourquoi beaucoup tentent de se protéger, en portant lunettes noires, capuche couvrant leurs têtes, grand col évasé pour enfouir une partie du visage, et autres artifices les rassurants sur l'image qu'ils peuvent renvoyer. Il scrute mon visage en remuant ses jetons, puis se décide enfin. Il envoie tout ce qu'il a devant lui. En le suivant, je risque le tiers de ce que je possède, c'est le moment de la bonne décision. Si je perds, il revient à ma hauteur, et nous serions tous les deux dans le dernier tiers du classement. Si je gagne, j'avance de trois places, et le ciel s'éclaircit pour moi. En étant vulgaire, sans les couilles, la chance à elle seule ne peut me faire arriver à mes fins. Alors je suis, et retourne mes cartes. Quand il montre les siennes, je reste devant, mais de très peu. Il a dame et roi. Le flop est étalé par le croupier, dame, roi, et sept. Deux as, deux valets ou un dix, voilà les cartes qui peuvent me sauver. La turn nous dévoile un quatre. Je n'attends plus qu'un dix. Avant la river, je remarque que le mec est plus tendu que moi. La dernière carte arrive. Putain ! C'est trop beau, le dix, une quinte venue d'un autre monde, qui a fait se décomposer mon adversaire. Il se reprend très vite, nous salue, et s'en va. L'impression d'être indestructible se répand dans ma tête. Il faut que je le chasse au plus vite. Laisser s'implanter ce sentiment ne pourrait être que néfaste. Se prendre pour un autre, se croire invincible est très dangereux. Les moments où la chance vous a choisi, il faut en profiter, sans croire que cela va durer des plombes.

L'ultime donne avant le repas. Je regarde à peine mes cartes, pourtant il y a un as, accompagné seulement d'un trois. La table d'à côté a aussi perdu un joueur. Nous ne sommes plus que dix-sept. Un sortant, et ce sera le gros ménage pour monter les deux dernières tables. La confrontation avec cette arrivée en quinte m'a pris beaucoup d'énergie. Je m'en aperçois quand on signale la coupure, et que j'ai du mal à me lever. Les barres chocolatées ont fondu dans leurs emballages. Je les jette, et m'avance vers le buffet.

Le réveil est dur

Ce ne sont pas deux, mais trois DVD qu'il a fallu pour réussir à m'endormir. La longue sieste, et le café corsé que j'ai bu hier au soir chez Jo m'ont empêché de trouver le sommeil une grande partie de la nuit. Je me fais violence pour sortir du lit, et me préparer. Dans moins d'une heure, nous avons Francis et moi notre rendez-vous avec deux vieux pour la belote. Ce moment est sacré, de plus au regard des news d'hier midi, je serai super détendu. Une bonne douche et me voilà prêt pour le combat. J'enfile un pull et un blouson de cuir, puis je descends au bar. Même lieu, même heure. On prend les mêmes et on recommence. Chaque fois que j'arrive au troquet, j'ai l'impression d'être candidat aux législatives. Je serre la main à la moitié du bar, et j'embrasse l'autre moitié. C'est tout à fait un endroit comme avant. Tout le monde se connaît, il n'y a pas de problème de race ou de religion. Black, blanc, beur, on n'a pas attendu quatre-vingt-dix-huit et la victoire en coupe du monde pour le mettre en pratique. Francis est déjà là les deux vieux aussi. Le matériel est en place. Reste plus qu'à distribuer. Je ne vois pas Jo, il a peut-être réfléchi. Cécilia est seule au comptoir, je vais lui faire la bise.

« Ton père n'est pas là ? »

« Non… Il revient de suite, il est au garage. » Elle me fait un café, en le déposant devant moi elle me pose la question que j'attendais.

« Alors, tu as pu lui parler ? »

« Oui… Je t'expliquerais. Quand tu finis, monte à la maison, je t'expliquerais. »

Je vais m'asseoir pour commencer la partie. Françis est en train de chambrer les retraités, ils rient tous les, trois de bon cœur. Je rameute les troupes.

« Bon on joue ou on rigole ! Fais gaffe fran ! Ils te travaillent au corps les anciens. Ils font ami ami, et ils te font marron. »

Ça les entraîne dans plus de rires encore. Nous tirons chacun une carte pour savoir qui va distribuer le premier. C'est moi qui m'y colle. Nous commençons la partie. Ce qui attire comme à chaque fois quelques spectateurs. Au fil des mènes, les commentaires vont bon train. Tout le monde s'en mêle. Les vieux sont en veine, nous malmènent et gagnent facilement. La suivante est serrée, mais nous arrivons à sortir gagnants. La belle se passe comme la première, nous nous faisons massacrer, les retraités jubilent.

« On s'excuse les gars, mais c'est vrai que le pastis a meilleur goût quand il est gratuit. »

Ils ont tellement peu d'occasions pour nous chambrer, qu'ils se délectent de cet instant. Le savoure pleinement. Je me lève pour régler les consos. Jo est revenu, et fait le service avec sa fille. Je lui paye les verres, et j'ajoute deux cents euros.

« Tu enlèveras ça de ma note. »

« Rien ne presse gros. »

« T'inquiète pas, ça va le faire. À plus. »

En remontant la rue, je fais un arrêt chez le petit épicier pour prendre de quoi casser la croûte.

Arrivé chez moi, je mets un CD du grand Charles Aznavour. J'adore ce monstre sacré de la chanson. Puis j'attaque la salade piémontaise que j'ai achetée en bas de la rue. Un morceau de fromage, et le tour est joué. Encore deux ou trois heures avant l'arrivée de Cécilia. J'ai peut-être eu tort, en lui demandant de venir à l'appart. Les gens sont si cons, si médisants, qu'ils pourraient mal interpréter sa visite, en imaginant un tas de choses. S'ils ne faisaient qu'y penser, rien de grave. Seulement, les langues de putes sont légion dans le quartier. Je n'aimerais pas que des rumeurs arrivent aux oreilles de son père. Tant pis ! De toute façon c'est fait. Après Aznavour, je voyage jusqu'en Jamaïque avec Bob Marley, en m'assoupissant dans le canapé. La musique s'est arrêtée quand la sonnerie de la porte me réveille. Je vais ouvrir, légèrement dans les vapes. Cécilia est là.

« Tu me fais entrer ? »

« Oui… oui… Excuse-moi, je me réveille à l'instant. » Je m'écarte pour la laisser passer. Elle entre, garde sa veste, paraît impatiente d'entendre ce que j'ai à lui dire. Je l'invite à s'asseoir, ce qu'elle fait sans se débarrasser, et gardant son sac posé sur ses genoux. Je lui raconte en gros, sans trop noircir le tableau, ce que son père a bien voulu m'expliquer. J'évite de lui dire ce que je pense du jeune voyou, pour ne pas rajouter encore à son inquiétude. Mais elle veut en savoir plus.

« D'après toi c'est grave ? »

« Tout est possible. Il a raison d'être prudent, ça ne veut pas dire qu'obligatoirement il y ait un blème. Je mentirais si je te disais qu'il n'y a aucun risque. »

« Et les flics ? »

« Tu vois ton père se pointer chez les condés, pour leur dire que quelqu'un veut lui tirer dessus… Tu plaisantes ? »

« Je sais pas moi ! Je dis ça comme ça ! »

Elle baisse la tête, au bord des larmes. Je m'assieds à côté d'elle, pose ma main sur son épaule.

« Ça va aller Cécilia. »

« J'espère… Mais j'ai peur quand même. » En le disant, elle se blottit contre moi.

« Tu veux un café ? Autre chose ? »

« Non. Je vais y aller. » Elle se lève, se dirige vers la porte et sort en me saluant d'un « Merci. »

Je n'ai pas le temps de me lever aussi, qu'elle a déjà refermé derrière elle. Pourvu qu'elle ne dise rien à son père. Dans le cas inverse, il sera coton d'expliquer que mon ingérence dans sa vie privée, c'est à la demande de sa fille qu'elle existe. Comment le prendrait-il ? Je n'en sais rien, et préférerais ne jamais savoir. Une seule chose m'importe, qu'il ne soit pas au courant. Je n'aimerais pas que notre amitié en souffre, et soit ternie par cette histoire. Je me sens mal dans mes chaussettes. Même si c'est avec sa fille, et pour sa sécurité, que je me suis permis cette incursion.

J'ai besoin de respirer, de sortir un peu. En cherchant bien, il me sera facile de trouver le numéro d'une copine. Je feuillette mon carnet, et mets le doigt sur le phone de Magali. Elle est toujours partante pour un resto, ou une sortie. Plus si elle est bien lunée. Je l'appelle dans la foulée. Comme je l'espérais, elle est libre, et je fixe rendez-vous à « La bonne fourchette. » Un restaurant que nous apprécions tous deux. Toujours bien reçu, et la cuisine y est divine. En plus quand tu demandes la note, tu n'as pas l'impression d'avoir à combler le trou de la sécu. Je n'ai pas envie d'une femme. Seulement d'être en compagnie de l'une d'elles. Pouvoir discuter, rire, sans arrière-pensée. S'il se passe quelque chose tant mieux, sinon il me suffira de savourer les heures écoulées en sa compagnie. En attendant, télé et farniente. Il est maintenant vingt heures trente. Rasé, douché, habillé, j'ai bipé un taxi qui sera là dans cinq minutes, dans vingt je serai en charmante compagnie devant une bonne assiette. Que demande le peuple ? J'y suis, je règle sa course au chauffeur, et pénètre dans le resto. Magali est déjà là, posée sur un tabouret au comptoir, une coupe de champ à la main. Elle m'accueille avec un large sourire. Elle est heureuse qu'on se voit.

« Alors Nico… Depuis le temps, je te croyais mort. »

J'aimais cette façon incisive de plaisanter. Je lui embrasse la joue droite en lui pinçant le menton.

« Tu me pardonnes ? »

« Oui ! Mais si tu laisses passer encore une fois autant de mois avant de donner signe de vie, nous serons tous les deux en maison de retraite au prochain rendez-vous. Espérons que la cantine y sera bonne. »

Son humour, son caractère, et beaucoup d'autres petits trucs, ajoutés à son extrême beauté, font qu'on ne peut qu'apprécier cette femme. Quand je l'ai connu, après quelques jours passés avec elle, il n'aurait pas fallu grand-chose pour que je tombe amoureux d'elle.

Magali me fit comprendre très vite qu'elle ne pourrait jamais appartenir à un seul homme. Sur l'instant j'étais resté interloqué, puis après plus ample réflexion, je n'ai pu que respecter sa franchise. Aussi nous nous rencontrions comme ça au hasard du temps. Quelques fois nous finissions la nuit ensemble, jamais rien n'était prévu. Selon l'alchimie des paroles et des gestes, sans prévenir, nous nous retrouvions en vieux amants, puis nous quittions au matin sans plus nous revoir pendant des mois. Relation étrange que la nôtre, elle nous convenait à tous deux. Après lui avoir caressé la joue, je commande deux coupes, car la sienne était quasiment vide.

« Hé bien ! Tu vas essayer de me saouler ? Hein canaille ? »

« Si j'y arrive, je pourrais abuser de toi. »

Elle part d'un rire qu'elle ne peut contenir, ce qui attire l'attention sur nous. Tout en riant, elle prend ma main.

« Tu n'en auras pas besoin, je suis d'humeur coquine ce soir. »

Je savais maintenant que je ne dormirais pas seul cette nuit. Nous prenons nos coupes, et allons nous installer au milieu de la demi-douzaine de tables occupées.

« Alors… raconte Nico. Depuis plus de six mois, rien de neuf ? »

« Pas grand-chose, une mauvaise passe, et elle dure. »

« C'est quoi cette fois ? Les bourrins ? Les cartes ? Le casino ? »

« Un peu tout à la fois. »

« Tu as besoin de quelque chose ? »

« Non… Non, non ! Pas de blèmes, ça s'arrange. La crise est passée. » Elle me regardait en fermant un œil et faisant une grimace.

« Tu es sûr ? »

« Tu crois que je me serais permis de t'inviter sinon ? »

« Tu es tellement allumé, que ça ne m'étonnerait pas. Je t'ai vu faire pire. »

J'aime cette façon qu'elle a de me parler, comme mes potes. Sans perdre une once de sa féminité, et de charme. Toutes ses petites mimiques, quand elle croit que je lui monte un bateau. La commande est prise. Nous avons changé de discussion, le repas se passe agréablement, nous continuons au champ. Nous rions beaucoup, nous remémorant certains souvenirs cocasses. Je m'aperçois que les rires et les coupes ont donné une belle couleur rosée aux pommettes de Magali. Peut-être pas saoule, mais grisée, heureuse de se trouver là. Je me lève un moment, prétextant me rendre aux toilettes, je paye l'addition discrètement. Je viens me rasseoir pour continuer la conversation. Mag en a assez d'être là.

« On s'en va Nico ? Demande l'addition s'il te plaît. »

« On peut y aller quand tu veux, c'est réglé. »

Elle sourit, et fait encore une grimace, pour me montrer qu'elle désapprouve ma façon d'aller payer en douce. Elle s'accroche à mon bras, pose sa tête contre mon épaule, ses longs cheveux blonds sentent bon ;

« Tu viens à la maison ? »

« OK ! »

Je l'aide à mettre son manteau, et lui demande les clefs de sa voiture. Elle me les tend. Nous quittons le restaurant. Dans la voiture je la sens fatiguée, certainement les coupes que nous avons ingurgitées. Nous ne sommes qu'à dix minutes de chez Magali, mais elle a failli s'endormir. Une fois arrivée dans son appartement, elle se dirige vers la chambre en commençant à se dévêtir, jetant ses affaires au hasard dans le salon. Elle est plus touchée que je ne le croyais.

« Je vais te laisser tranquille Mag ! »

« Non… Reste avec moi. Viens faire dodo avec moi… »

Elle maintenant complètement nue et se glisse entre les draps. Je me désape à mon tour, et la rejoins. Elle vient se blottir contre moi, et me murmure les yeux mi-clos.

« Ça t'ennuie pas… Si on fait pas l'amour ? »

« Dors ! Ne t'inquiète pas. On a passé une super soirée, c'est l'essentiel. »

Elle s'endort très vite entre mes bras. Au matin, je me lève le plus discrètement possible, pour ne pas la réveiller. Je ramasse mes affaires pour m'habiller dans le salon. Je dégote du papier et un stylo pour laisser un message. Quelques mots lui promettant que je l'appellerais dans la journée. Il est encore tôt, le jour commencera à poindre dans quelques minutes. À deux cents mètres, il y a une station de taxis.

Un seul véhicule est garé, le chauffeur est au bar, ça tombe bien. Je vais pouvoir m'envoyer un café. En pénétrant dans le troquet, je ne peux pas me tromper. Il n'y a qu'un client, c'est certainement le propriétaire du taxi. Je me pose à côté de lui.

« Vous pouvez me lâcher rue Saint-André ? Après le café, bien sûr. »

J'en commande un, et l'invite à en boire un autre. Il accepte. Après l'avoir avalé, c'est parti pour mon retour à la maison. Quelques minutes plus tard, quand la voiture tourne pour aller chercher la rue où j'habite, j'aperçois une nuée de gyrophares à la hauteur de chez Jo. Un mauvais pressentiment me traverse. Nous arrivons à la hauteur d'un flic qui gère la circulation. Le chauffeur baisse sa vitre.

« Qu'est-ce qui se passe-chef ? »

« Une fusillade. » Il enchaîne d'un ton sec. « Mais avancez ! Ne bloquez pas la circulation ! »

Ce qui était redouté venait d'arriver. Je voyais un corps sur le trottoir recouvert entièrement d'une couverture. Cela ne laissait aucune autre option que celle de la mort du type allongé dessous. Je ne pouvais me résoudre à croire que c'était mon ami qui était étendu là. On voyait les pieds du défunt, il était chaussé de baskets. En voyant ça, je suis rempli d'espoir. Jo ne portait jamais ce genre de chaussure. Je demande au chauffeur de se garer un peu plus loin, ainsi je pourrais redescendre à pied pour essayer d'en savoir plus. Le cordon de sécurité, mis en place par les poulets, m'interdit l'accès par le trottoir. J'y verrais mieux de l'autre côté de la rue, où les badauds agglutinés pourront me renseigner sur les événements qui viennent de se dérouler. Arrivé au milieu d'eux, je reconnais Habib, le boulanger du quartier. Il était à l'école avec nous. Je m'avance et remarque qu'il est en pleurs. La réalité commence à se révéler à moi. M'adressant à lui.

« Qu'est-ce qui s'est passé Habib ? »

Il tente de sécher ses larmes avec le revers de sa manche, mais c'est un flot continu. Il essaye de parler à travers ses reniflements. Je perçois deux ou trois fois le nom de Jo, sans comprendre ce qu'il raconte. Je vois toujours le corps allongé en face de nous. Mais la porte du couloir est ouverte. Un corps apparaît entre les jambes des flics affairés à chercher des indices. Habib s'étant un peu calmé, il arrive à émettre des mots compréhensibles.

« Il a tué Jo ! Cet enculé ! »

Me dit-il en me désignant le corps étendu sur le trottoir. Mon ami avait dû avoir le temps de riposter, les larmes du boulanger avaient séché maintenant. Laissant place à une fureur noire. Il répéta je ne sais combien de fois le mot enculé, il adorait Jo depuis toujours. C'était lui qui l'avait aidé à monter son commerce, et était le parrain d'un de ses fils. Je suis effondré, je viens de réaliser la triste réalité de ce qui vient d'advenir. Un sentiment profond d'impuissance. Une chappe de plomb vient de s'abattre sur mes épaules. Il faut pourtant que je sache où est, et comment va Cécilia.

« Et la petite ? Où est-elle ? »

Comment pourrait-elle ne pas être au courant des événements. En lui posant ces questions, je ravive la tristesse de ce brave type.

« La pauvre… C'est vrai ! Ils l'ont amené en ambulance. Elle a fait une crise de nerfs. »

Dans ce petit matin glacé, une partie de ma vie a été emportée par un petit con qui n'avait rien dans la tronche, et qui a crevé au même endroit que l'Homme qu'il a abattu. J'entends les gens parler autour de moi. Un homme ayant assisté à la fin de la scène, explique que ce n'est pas Jo qui a tiré, mais que le tueur était tombé sur une patrouille en ressortant de l'immeuble. Il avait alors tiré deux fois dans leur direction sans les atteindre. Les flics avaient riposté en le touchant mortellement. Juste retour des choses. Cela ne rendrait pas la vie à mon pote, même si une certaine justice s'était accomplie quelques secondes après sa connerie. Voilà ! Un de plus, sur la liste de ceux que j'ai vu partir avant l'heure. Je remonte la rue tête basse des larmes plein les yeux. Tout allait commencer à s'arranger pour moi. Il a fallu qu'un abruti vienne tout gâcher. Le taxi est toujours là, le chauffeur suit de loin le remue-ménage provoqué par ce malheur. Je lui demande de m'accompagner jusqu'à l'hôpital. Je m'installe à l'arrière et attends que sa curiosité soit rassasiée. N'ayant pas approché la scène, il ne savait rien des deux morts. Il me posa donc la question.

« Y a un mort ? »

Je ne lui réponds pas. Je vois son regard dans le rétro intérieur. Il comprend que oui, mon changement d'itinéraire lui apprend aussi que je dois être en relation avec cette histoire, car il n'ose plus me questionner. Sans plus un mot, il me drive aux urgences de l'hôpital central. Là je me heurte à un mur. On ne me laisse pas approcher Cécilia qui est sous sédatif. Voilà deux heures que je fais les cent pas dans le grand hall de l'hosto. Je ne suis pas de la famille, et aux vues de ce qui vient de se passer il est normal que l'on me bloque. J'ai appelé le frère de Jo qui n'a rien trouvé de mieux à dire que « ça devait arriver. » Quel con celui-là ! Je ne l'ai jamais aimé. Il consolide mon inimitié envers lui. C'est un imbécile qui croit avoir réussi en ayant quitté le quartier, fier de son boulot de fonctionnaire. Cela ne l'a jamais empêché de venir pleurer quand les fins de mois étaient difficiles. Son frangin toujours aussi généreux l'arrose plus que de raison. Je le soupçonnais d'en rajouter, et de venir trop souvent. J'essayerai de l'éviter jusqu'à l'enterrement, ça va être dur, car il va certainement vouloir se mêler de la vie de sa nièce. Je sais qu'elle est de taille à l'envoyer promener, mais dans un moment comme celui-là, elle n'aura aucun besoin d'un casse burnes collé à ses basques. Les flics sont maintenant partis. Il est presque quatorze heures, je vais voir une infirmière pour lui demander l'autorisation de voir Cécilia, lui expliquant qu'elle est comme ma nièce. Avec un regard compatissant, cette femme d'un certain âge, a du métier, et me dit.

« Allez-y vite, il va lui falloir du soutien. » Elle m'indique l'étage et le numéro de la chambre en ajoutant avec une tristesse non feinte « Pauvre môme. »

Sortant de l'ascenseur, je suis le couloir jusqu'à sa chambre. Je frappe à la porte. Personne ne répond. J'ouvre délicatement et sans bruit la porte. Cécilia est là. Recroquevillée en position fœtale. Elle pleure. Les petits gémissements qu'elle laisse échapper me déchirent le cœur. Je suis déjà sonné par l'assassinat de mon ami, et être là sans pouvoir rien faire qu'assister à sa douleur est atroce. Elle est tournée dos à l'entrée, et ne m'a pas entendu. J'ai envie de tourner les talons. La peur d'avoir à surmonter cet instant. Ne pas savoir quoi dire, si tenté que l'on puisse dire quoi que ce soit dans un moment comme celui-ci. Mais je ne me sens pas le droit de l'abandonner seule dans un tel désarroi. J'avance lentement vers son lit, elle sent une présence et se retourne. Ce n'est plus Cécilia, la jeune femme belle et souriante d'hier. Les traces du chagrin l'ont transformée. Elle a l'air d'avoir trente ans de plus. Le blanc de ses yeux a disparu en laissant place aux vaisseaux sanguins éclatés. En me reconnaissant, ses sanglots redoublent, elle tend les bras vers moi pour que je la prenne entre les miens. Je m'assieds sur le lit en la serrant le plus fort possible. Ses pleurs s'accentuent. Je chiale moi aussi, comme un gosse. J'en avais besoin. Nous restons là de longues minutes à nous étreindre pour partager ce malheur. Je ne sais comment agir, que dire, quelles paroles employer pour tenter de la réconforter. La réalité s'impose d'elle-même, seules les larmes sont de mises dans des instants forts. L'infirmière entre après avoir frappé, nous ne l'avions pas entendu. Hésitant à nous déranger, elle s'approche.

« Mademoiselle… Je pose des cachets sur la table. Prenez-les ! Ils vous feront du bien. »

Cécilia ne la regarde pas, ne l'entend pas. Sa détresse est trop grande pour qu'elle écoute, ou entende quoi que ce soit. L'infirmière l'a bien compris, en posant la petite boîte contenant les pilules sur la table, elle s'adresse à moi.

« Monsieur… Faites-les lui prendre, ça l'aidera à dormir. »

Je hoche la tête, pour lui signifier que je ferais le nécessaire. Elle sort sans rien ajouter. Cécilia reste agrippée à moi encore un long moment. Je vais prendre mon courage à deux mains pour lui parler. Elle a dû le sentir.

« Ne dis rien. Il n'y a rien à dire. »

Elle venait de cesser de pleurer, mais restait blottie contre moi. À la façon d'un petit animal apeuré, cherchant le réconfort des siens. Le temps s'est arrêté, nous sommes restés là des heures durant, sans rien dire. Mon corps est maintenant tout engourdi, je ne peux plus bouger. Je vois la clarté du jour faiblir de minute en minute, mais je n'ose bouger, croyant Cécilia endormie. On dirait qu'elle est dotée d'un sixième sens, car elle anticipe une nouvelle fois ce que je m'apprête à faire.

« Tu veux partir ? »

« Non ! J'ai juste besoin de me dégourdir les jambes, et le reste. » Elle relâche son étreinte pour me permettre de me relever, puis se remet dans la même position où je l'ai trouvé en arrivant.

« Ne pars pas Nico ! Reste avec moi… »

Je me penche vers elle, lui explique que je vais juste faire un tour dans le couloir, pour qu'elle ne s'inquiète pas. Je sors donc, à la recherche d'un distributeur de boissons. Je n'ai pas à aller loin, dans un renfoncement à quelques mètres de la chambre, je trouve un appareil. Je récupère deux bouteilles d'eau et regagne la chambre. Je la retrouve toujours prostrée, elle sait que je suis là, mais ne dit rien. Je m'installe dans le fauteuil prévu à cet effet. En silence j'attends qu'elle s'endorme. Les cachets sont encore sur la table de chevet, quand l'infirmière réapparaît dans l'encadrement de la porte. À voix basse elle me demande.

« Elle a pris les pilules ? »

« Non, mais je crois qu'elle s'est endormie. »

La brave femme repart comme elle était venue, puis revient sur ses pas pour m'avertir que je devais bientôt quitter les lieux. Il était près de vingt heures, et les visiteurs n'étaient pas autorisés à rester après cet horaire.

Je me levais, ne sachant pas comment m'y prendre. Devais-je la réveiller pour lui dire que je m'en allais, ou la laisser dormir avec certainement une impression d'abandon à son réveil. De nouveau, elle devança la gêne qu'aurait pu occasionner ma décision.

« Vas-y Nico… »

« Tu ne dors pas ? »

« Non… Je n'y arrive pas ! Je pense à papa. »

La tristesse avec laquelle elle me dit ça, me donne une nouvelle fois envie de pleurer.

« Fille… Prends tes cachets, et essaye de dormir un peu. »

Elle se retourne, attrape le pilulier, et une bouteille d'eau, avale tous les cachets en une seule prise. J'espère qu'ils suffiront à atténuer les souffrances qu'elle avait endurées aujourd'hui. Elle doit surtout se requinquer pour affronter celles à venir. Car, tout ce qui allait se passer maintenant serait des épreuves plus dures les unes que les autres. Les auditions chez les flics, se faire restituer le corps après autopsie et reconnaissance du corps. Si son connard de frère ne le fait pas. Elle a raison l'infirmière de ce matin. « Pov' mome. » Avant de la laisser, je voulais qu'elle sache que je ne l'abandonnais pas.

« Demain matin je serai là ! »

J'ouvre la porte, le cœur serré et la quitte. Dehors je trouve un taxi très facilement. Il me ramène chez moi. En arrivant, la sentinelle est là, qui sort de sa boîte. Elle s'approcha avec un visage réellement attristé. Elle connaissait Cécilia et son père depuis des lustres. Elle n'osait pas me poser de question. Mais se décida au bout d'un moment de silence.

« Ché oun grand malheur monsieur Nicolas. »

« Oui, madame Dasilva… Un grand malheur. »

« La petite cha va bien ? »

Elle avait une réelle affection pour la fille de Jo. N'ayant pas eu d'enfant, elle avait reporté tout son amour sur les gamins et gamines du quartier. Tous ceux qui y vivent encore ont en mémoire les bonbons, les bouteilles de grenadine fraîches préparées par madame Dasilva. Il était rare que nous n'y ayons pas droit après les matches endiablés que nous faisions dans la rue.

« Pas très bien… non pas très bien. Madame. »

Je vois ses yeux s'emplirent de larmes. Elle est vraiment touchée par le malheur qui est arrivé ce matin. Je lui pose la main sur l'épaule pour la raccompagner jusqu'à devant sa porte.

« Je vous tiens au courant, madame Dasilva. Je vous laisse, j'ai besoin de me reposer. »

Elle prend ma main dans la sienne, pour sans un mot, me faire comprendre qu'elle sait ma détresse, et me laisse monter sans en demander plus. Quand je me retrouve seul, l'envie de tout casser autour de moi me prend. Je frappe la porte de ma chambre à coups de poing jusqu'à ce que mon sang rougisse la peinture blanche du panneau en bois. Je sais bien que cela ne sert à rien, mais j'ai besoin de me défouler, d'évacuer ce trop-plein de colère et de rage qui me ronge depuis l'aube. Putain de vie ! Putain de petit enculé !

Je ne peux pas rester enfermé. Je prends mon téléphone pour appeler de nouveau Magali. Assez vite elle décroche, et me réponds de sa voix enjouée.

« Je ne pensais pas avoir ce plaisir aussi tôt ! »

Je ne sais pas pourquoi je l'ai appelé. Un besoin soudain de parler à quelqu'un, de sortir de cette spirale qui m'entraîne depuis que j'ai vu le corps de mon ami étendu dans son couloir. De sortir de ce film tragique qui a ensanglanté ma vie. Seulement son nom sort de ma bouche. Il m'est impossible de prononcer autre chose que son nom, que je répète et répète encore. Affolée à l'autre bout du fil, elle crie le mien me croyant à l'agonie.

« Nico ! Nico ! Où es-tu ? Qu'est-ce qui se passe ? » J'arrive enfin à articuler quelque chose.

« À la maison. J'ai besoin de te voir Mag. »

« J'arrive de suite ! »

« Non, je viens. Ne bouge pas. »

« Qu'est-ce qu'il y a ? »

« Je t'expliquerais en arrivant. Mais habille-toi, et prépare-toi à faire une longue balade en voiture. Si tu le veux bien, bien sûr. »

« On va où tu veux mon chéri ! J'ai toute la nuit et même plus. »

Je raccroche pour aller me nettoyer les mains qui me font souffrir à présent. La douleur n'atténue en rien mon courroux. Il me faut la douceur et la tempérance de Magali pour calmer le volcan qui est entré en éruption dans mon crâne. J'appelle de nouveau un tacot pour me driver chez mon amie. Je sonne chez elle une vingtaine de minutes plus tard. Quand elle m'ouvre, son regard en dit long sur la tête que je dois avoir. Elle prend ma main douloureuse pour me faire pénétrer dans l'appartement.

« Qu'est-ce qui t'arrive ? Tu as une tronche de déterré. »

« Tu c rois pas si bien dire. »

Elle s'était levée tard, et n'avait aucune idée de ce qui s'était passé en ville durant la journée. Sinon elle aurait compris. Jo n'était pas un inconnu pour Cécilia. Ils ne s'étaient pas vus très souvent, mais nous avions passé des soirées mémorables tous les trois. Que ce soit au restaurant, ou enfermés au bar après la fermeture pour refaire le monde sans témoin à grands coups de fou rire et de champagne. Ils s'aimaient bien tous les deux. Elle va être bouleversée, mais j'ai l'impression que seule Magali peut m'aider à surmonter cette première nuit, à traverser ce cauchemar. Je lui explique toute l'histoire. Mon départ au petit matin, l'arrivée sur le lieu de cette sinistre affaire, puis tout le reste. Elle m'écoute en silence, je vois de grosses larmes couler sur ses joues. Il n'était pas réellement un intime, elle avait juste apprécié l'homme. Peu loquace, Jo savait faire passer le message en quelques mots. En comité restreint, il pouvait se montrer charmant, même jovial et marrant. Surtout avec les jolies femmes. Sous son allure rustre se cachait un homme plein de finesse, doté d'une générosité immense, d'une fidélité à toute épreuve avec ses amis. Peu nombreux, il est vrai ! Magali faisant partie de mes proches, elle savait pouvoir compter sur lui en cas de besoin. Je m'arrête après avoir raconté cette horrible journée. Elle me regarde avec ses grands yeux mouillés, et lâche.

« Pauvre Jo ! Pauvre gamine… Vingt-deux ans, déjà toute seule. Il faut que tu t'occupes d'elle. »

Tout ce que peut dire, cette femme est pétrie de bons sentiments, et de tendresse. Rien n'est jamais calculé, ça sort du fond de son cœur sans aucune retenue. Elle vient de présenter exactement ce à quoi je me sens confronté depuis que je l'ai vu sur son lit d'hôpital. Comment l'accompagner dans les jours, les semaines terribles qu'elle va traverser. Peut-être même pendant des mois. Je me sens tout petit, minuscule devant l'immense tâche qui m'attend. J'ai peur de n'être pas à la hauteur. Toujours seul, flanqué d'un égoïsme certain. N'ayant jamais pu me responsabiliser dans une vie de couple, donc de famille. Il semble que je vais connaître sous peu les affres de cette existence. Sans remplacer quiconque, je vais devoir faire en sorte de combler une partie du vide qui vient d'être creusé. En lui ôtant le sentiment d'abandon, et pouvoir se, raccrocher à quelqu'un ou à quelque chose.

« Mag… Tu fumes toujours ? »

« Oui j'ai un paquet dans mon sac. »

« Non pas la cigarette ! » Surprise, elle me regarde d'un air surpris.

« Le joint ? »

« Oui le chichon quoi ! »

« J'ai de l'herbe, tu veux que je roule un pêt ? »

« Je crois que ça me ferait du bien. »

Elle se lève, va jusqu'à sa chambre, et en revient avec une boîte en carton qu'elle pose sur la table. Une fois celle-ci ouverte, je vois dedans tout un attirail. Des petites pipes en bois, des paquets de feuilles à rouler, et un sachet transparent contenant trois grosses têtes de beuh.

« Je ne t'ai jamais vu fumer ! »

« Ça fait plus de vingt ans que je n'y ai pas touché. Mes souvenirs me trompent peut-être, mais je me rappelle une sensation de volupté, comme l'oubli de tout ce qui vous entoure. Seulement, c'était il y a longtemps. »

En disant ça, je m'accroche à l'espoir de revivre un de ces moments d'insouciance, de perdre la mémoire un moment. Repousser l'instant où je vais avoir à faire face à la réalité. Cette petite lâcheté n'évitera en rien tous les instants pénibles qui suivront quoi qu'il arrive. Je la regarde faire. Elle manipule deux feuilles de papier à rouler, qu'elle colle en forme de L. Ses gestes sont précis, très vite entre ses doigts un cône allongé apparaît. Elle me le tend, un petit bout de carton roulé en cylindre sert de filtre. J'allume le joint en inspirant une longue bouffée de cette fumée que je voudrais réparatrice. Après deux ou trois taffes, je regarde les volutes bleutées de la fumée s'élever jusqu'au plafond. Un sentiment de calme m'envahit. Je n'ai rien oublié de cette fichue journée, mais je ne ressens plus cette oppression constante qui m'empêchait de respirer. Magali refuse le pet tendu.

« Si je conduis, je préfère ne pas fumer. » Toujours la tête sur les épaules ma douce amie.

« Tu veux que j'en roule un autre pour la route ? »

« Non… Je crois bien qu'avec celui-ci j'en aurai bien assez, je n'ai tiré que quatre ou cinq fois, et je suis déjà blessé. On y va ? »

Elle se lève, je la suis. Une fois dans la voiture, je m'affale dans le siège passager. Je n'ai pas terminé le pétard, lui par contre est en train de me finir. Nous prenons la direction de l'entrée de l'autoroute. Je lui demande de rester en ville, de faire le tour des grandes avenues. Des rues où la vie s'agite sous les néons des boîtes et des bars à filles. Les lampadaires, et les feux de signalisations ajoutent encore des couleurs à cette nuit glacée. Nous roulons au hasard pendant des heures, passant et repassant dans les quartiers où la faune noctambule continue comme si de rien n'était à vivre sa vie sans plus se soucier ni de l'heure ni du temps. Quand j'étais gamin, que nous étions gamins. Nous descendions en ville avec dans le réservoir juste de quoi tourner la nuit. Marchandant sans un sou en poche le prix des passes avec les tapins. Nous passions aussi faire chier les travelos, pas par une quelconque homophobie, non, juste que leurs insultes en réaction de défense, nous faisaient rire. Il fallait qu'on soit con quand même. Auprès des dames de petite vertu, nous avons souvent rigolé aussi. Quand le client se faisait rare pour elle, nous restions pour discuter. Penchés aux fenêtres de la voiture. Aussitôt qu'apparaissaient les faisceaux lumineux des phares d'un potentiel client pour elles, nous dégagions pour ne pas leur casser le travail. Puis repassions un peu plus tard pour continuer la causette. Elles vivaient une vie de merde, mais leur bonne humeur, leur humour, bien gras quelques fois nous éclataient. J'étais enfoncé dans ces souvenirs quand je sentis la main de Magali me caresser le visage. Nous n'avions pas échangé un mot. Elle m'avait laissé sur mon nuage, mais s'inquiétait d'un aussi long silence.

« Ça va ? » me dit-elle.

« Ça va ! Et toi tu n'es pas fatiguée ? Tu veux rentrer ? »

Tant que je ne le lui demanderais pas, je sais qu'elle ne s'arrêtera pas. Nous roulons depuis presque trois heures, beaucoup de lampions ce sont éteints, les humains se sont plus rares. Elle aurait roulé jusqu'au matin, si je ne lui demandais pas de rentrer.

« Tu me ramènes à la maison Mag… »

« Tu ne veux pas dormir chez moi ? »

« Je n'ai pas pris la douche, et rien pour me changer. »

« C'est pas grave ! Tu prends ta douche à la maison, et tu te changeras chez toi demain. »

Je n'avais pas la force d'argumenter, alors nous allons jusqu'à son appartement. Une fois arrivée, elle sort un peignoir pour que je ne me retrouve pas à poil après la douche. L'herbe était puissante, je suis encore sous l'effet. L'eau chaude qui coule sur moi achève de diluer les dernières résistances que je pourrais opposer au sommeil qui me gagne. Magali est déjà au lit quand j'entre dans la chambre. Je me glisse entre les draps, elle vient comme la veille se blottir contre moi.

« Tu peux enlever ton peignoir, ça ne me dérange pas que tu sois nu. »

« Moi un peu. »

Elle sourit, et passe mon bras sous tête pour être au plus près de moi. La fatigue nerveuse de cette journée additionnée au joint a vite raison de moi, et m'endort en quelques instants.

Le buffet du casino

La direction de l'établissement ne s'est pas moquée de nous. Une vingtaine de plats différents, tous plus appétissants les uns que les autres nous attendent. Des sodas, de la bière, et du vin pour arroser tout ça. Quand nous étions encore assez nombreux, les participants au tournoi faisaient table commune aisément. Maintenant que nous ne sommes plus que dix-sept, seuls ceux qui se connaissent mangent ensemble. J'essaie pour ma part de m'isoler le plus possible, n'ayant pas envie de rentrer en discussion bidon et stérile. Je garde mes distances, et travaille ma concentration en rejouant les coups dans ma tête. Je n'ai pas fait de réelle faute, peut-être un petit manque d'agressivité sur un ou deux coups. Je pense tout compte fait être de niveau. Encore neuf éliminés et l'objectif sera atteint. J'ai déjà la tête presque hors de l'eau. Je respire mieux. Je mate un peu l'assistance. Je sais que certain partage leurs gains, s'il y en a dans ceux que je dois affronter, mieux vaut que je le sache maintenant. Ce n'est pas vraiment triché, parce que c'est dur à prouver. Mais on peut être pris en tenaille entre deux joueurs. Si mon jeu est vraiment costaud, à ce moment-là, ce peut même être bénéfique en doublant une partie des gains. Mais je ne vais pas entrer en paranoïa. Si je perds, ce sera ma faute, si je gagne, ce sera de mon fait. Je me restaure, repensant à tout ce qui m'a amené à ce point de non-retour. Au dernier quitte ou double de ma vie, car c'est l'ultime fois que je me retrouve à une table de jeu. Quelle qu'elle soit ! J'ai donné ma parole, et je la tiendrai. N'étant pas croyant, si j'avais juré j'aurais peut-être pu esquiver. Mais connaissant c'est ma parole d'homme qu'on m'avait demandé. J'étais pris au piège. Encore un bon quart d'heure avant la reprise. J'observe les autres. D'où je suis placé, je vois tout le monde. Deux ou trois joueurs se sont comme moi isolés pour épier les autres.

C'est parti, la sonnerie annonçant la reprise vient de raisonner. Nous sommes toujours six à ma table au premier sortant, un regroupement par huit s'effectuera. J'aimerais que nous restions tous jusqu'à ce moment. Seuls deux nouveaux joueurs viendraient prendre place avec nous. Donc deux chances seulement de voir arriver les plus gros tapis. Les cartes sont distribuées. La tension est extrême pour certains. Quasiment nulle pour d'autres. Je suis entre les deux. J'ai rempli une grande partie de mes objectifs, ayant normalement éliminé le danger que ma connerie avait provoqué. Maintenant c'est l'avenir que je jouais. Au fur et à mesure que je touche mes jeux, une drôle d'impression me dérange. Je me suis surpris à jeter des cartes qu'habituellement j'aurais jouées, dame et roi méritent même en mauvaise position une relance, si minime soit-elle.

Je suis en train de jouer avec le trac, c'est la pire chose qui pouvait m'arriver. Il faut que je me reprenne. On ne peut pas bien jouer avec la peur de perdre. Pour l'instant cela ne prête pas à conséquence, mais les jetons que j'aurais pu ramasser me feront peut-être défaut plus tard. J'ai besoin de retrouver la motivation qui était la mienne ce matin encore. Plus le temps d'y penser pour l'instant. Un joueur est sorti, interrompant pour quelques minutes la partie. Le tirage au sort effectué, nous voyons arriver à notre table deux nouveaux adversaires, dont le leader du tournoi. Je fais vite le point. Nous sommes cinq du top huit à la même table. Donc deux solutions possibles. Ou un gentleman agrément se met en place en attendant la chute des moins bien placés, ou les plus agressifs prennent les commandes pour essayer d'écraser la table. Pour le moment ma confiance doit revenir. Je vais laisser courir, pour voir dans quelle configuration nous nous trouvons. Le croupier reprend la donne. Je suis bien placé en découvrant une belle paire de huit. Les quatre premiers jettent leurs jeux. C'est à moi, je relance de trois fois la grosse blinde. Au bouton la blonde, je suis.

Petite et grosse blinde se couchent. Le flop est retourné un cinq, un deux, un as. Cet as me dérange, car je suis premier de parole maintenant, je double ma première mise, c'est suivi. À la turn c'est un trois, avec cette carte je crains aussi les quatre, bien que logiquement personne ne suit avec un quatre en main. Mais sait-on jamais. Je check, laissant la parole à ma gauche. Elle fait de même, laissant la dernière carte gratuite. Tout est possible ! Elle me tend peut-être un piège. Elle aussi a peur du quatre. La river est retournée c'est un huit. Ce serait parfait si cette vilaine impression du piège ne s'était fortement installée en moi. Un frisson parcourt ma moelle épinière, sensation désagréable. Dois-je attendre ou attaquer ? Je prends mon temps, car la question se pose. N'est-ce pas cette panique soudaine ressentie depuis quelques minutes qui m'empêche de relancer ? Si je lui laisse l'initiative et qu'elle pousse un max de jetons, je risque d'être tétanisé, et me coucher avec le meilleur jeu. Si je suis relancé, je jouerai certainement mon tournoi sur ce brelan de huit. Je pousse un tiers de mon tapis. La jolie blonde me regarde un long moment. Je sens qu'elle aussi est fébrile. Elle call juste, pas de surenchère. Elle retourne as et six. Elle perd, mais seulement par sa faute. Car elle pensait son as trop léger accompagné seulement d'un six. Si elle avait poussé après le trois, elle m'obligeait à jeter mon jeu. La paire d'as, plus la quinte étant plus qu'envisageable. Sans qu'un mot ne sorte, tout le monde pense pareil. Elle a mal joué le coup. À ce moment de la partie, il est rare que ça pardonne. Je me repositionne en quatrième position maintenant. Le temps devrait jouer pour moi dès cet instant. Je ne reçois que des jeux très moyens, voire médiocres. Donc je ne pousse pas de jetons, mis à part les blindes. Sans jouer, je peux constater que personne n'a envie que la table s'emballe. Donc pendant une longue période, les blindes passent de mains en mains sans de gros coups, soit envoyés. Sur la deuxième table, c'est plus violent deux des joueurs ont été éliminés. Encore six et je serais au nirvana cette table finale qui fait rêver tous les adeptes du poker. Nouvelle donne. Je suis au bouton, mais de nouveau une poubelle m'est servie. Une seule relance, nous jetons tous nos cartes, sauf la blonde qui envoie tout ce qu'elle a. Elle est suivie. C'est donc un tête à tête. La femme retourne as, dame. Le mec en face légèrement devant avec sa paire de neuf. Après le flop il reste en bonne position. Un huit, un quatre, un deux. La turn découvre un dix. La river annonce la fin du tournoi pour ma voisine avec un autre dix. Elle quitte la table avec le sourire, nous souhaitant une bonne continuation. Aucune des attaques ultérieures n'est suivie. Impossible donc de savoir si ce ne sont que des vols de blindes, ou si les agresseurs ont réellement des jeux solides. Pour ma part je ne vais pas vérifier. Les shorts stack doivent prendre des initiatives s'ils veulent garder un espoir de continuer le tournoi. La position est bonne pour moi quand je soulève le coin de mes cartes pour voir apparaître une paire de valets. La relance vient de ma droite. Le gars qui relance possède en tout et pour tout quinze pour cent de mon tapis. Je balance plus de jetons qu'il n'en a. Il me suit aussitôt. Il a des cartes vivantes comme on dit. Un as et une dame. S'il double une des deux, je perds. Les premières retournées me laissent l'avantage. À la turn c'est une autre affaire, un as. Seul un valet à la river peut me permettre d'emporter la mise, mais c'est un huit qui est tourné. Je remets un joueur en selle, mais je reste toujours dans les bonnes places. La deuxième table perd un autre joueur, donc pour équilibrer un de nous va aller la compléter. Je pense que jusqu'à la finale rien ne bougera plus. C'est le mec qui vient de prendre mes jetons qui part faire le sixième. Nous continuons donc après cet intermède. Je commence à ressentir la fatigue, j'aurais besoin d'un peu d'air frais, mais nous n'aurons une pause qu'avant la finale. Il faut donc en faire partie. Sinon ce serait un repos définitif. Je respire mal, c'est la première fois que je suis dans cet état-là. J'ai eu l'occasion de jouer de très grosses parties dans ma vie, pourtant aujourd'hui je ne me reconnais pas. J'ai l'estomac noué, le sang frappe mes tempes, les mains moites. Je me fais peut-être trop vieux ? L'engagement que j'ai pris de stopper à tout jamais les jeux d'argent me fragilise-t-il ? La fin annoncée de ce mode de vie, les montées d'adrénaline terminées, et tout ce qui va avec. Mon subconscient me pousse-t-il à retarder ce moment ? Ce ne serait plus alors la peur de ne pas y arriver, de perdre avant l'heure. Non ce serait juste la peur de disparaître, de ne plus appartenir à ce monde qui régente ma vie depuis si longtemps. J'ai donné ma parole à une femme. J'ai mis à bas tout ce qui me semblait former la ligne directrice de ma vie. Je me suis engagé envers quelqu'un. Le moment est mal choisi pour penser à tout ça, mais je n'arrive pas à me concentrer sur autre chose. Je ne suis plus dans la partie.

« Monsieur ! C'est à vous », dit le croupier. Je ne réagis pas de suite, il est obligé d'insister. « S'il vous plaît monsieur ! »

J'émerge enfin en jetant mes cartes. Je ne sais même plus si je les ai regardées. Il faut que je me lève, que j'aille me passer de l'eau sur le visage. Pendant mon absence, les cartes me seront distribuées, mais aussitôt ramassées par le croupier. Tant pis ! J'avance au radar, cherchant les toilettes, alors que je m'y suis rendu plusieurs fois depuis que je suis ici. Une fois face au miroir, les mains appuyées sur le rebord de l'évier, je découvre mon visage blafard. Les traits tirés, et cette pâleur que je ne me suis jamais connue. Je m'asperge la figure avec l'eau froide, encore et encore. Pensant que ce sera le remède à mon apathie. La fraîcheur de l'eau redonne un peu d'éclat à cette face plâtreuse. Je me gifle les joues, pour passer du rose pâle, à une teinte un peu plus éclatante. Tout en me parlant à voix haute.

« Putain ! Gros ! Bouge-toi le cul bordel ! Tu es à l'arrivée ! » Je continue à me gifler avec force. Je sens les muscles de mes jambes se raffermirent, je ressens à présent la douleur que je m'inflige avec cette série de claques. Je suis en train de refaire surface. Il était temps ! Je regagne ma table. Je suis de grosse blinde, ce qui veut dire que je n'ai pratiquement rien perdu. Seule la petite blinde call. J'ai dix et neuf de carreau, je relance de deux fois le pot pour faire croire à une belle main. Il se couche. Il est rassurant d'être de nouveau à ce que je fais. Il reste quand même des traces de flottement. Quelques images encore se frayent un passage jusqu'à mes pensées. Cela me perturbe. Pas autant qu'avant mon départ aux toilettes, mais je ressens quand même un malaise persistant. Je dois l'évacuer. Tout ce qui s'est passé dans les mois qui viennent de s'écouler devait ressurgir à un moment donné, mais j'ignorais que ce serait à cette occasion. Mal venue, il faut le dire.

Mois de mars

Il y a deux jours que je suis allé chercher Cécilia à la sortie de l'hôpital. Son oncle était là lui aussi, à contrecœur je lui ai serré la main. Il a immédiatement cherché à s'imposer comme le responsable de sa nièce. Bien que toujours extrêmement, la petite l'avait envoyé sur les roses. Lui demandant de s'occuper des funérailles, s'il voulait se rendre utile. Vexé, il n'avait pas attendu son reste, avait tourné les talons sans un mot. Cécilia m'avait regardé avec une rage non contenue. Elle me dit :

« C'est vraiment un connard ! »

« Je sais, mais c'est ton oncle. »

En levant les sourcils, et haussant les épaules, elle voulait que je comprenne qu'elle n'en avait rien à foutre. Elle était encore très pâle, et allait devoir passer de terribles moments dans les jours à venir. De plus il n'était pas question pour elle de vivre à nouveau dans l'immeuble où son père avait perdu la vie. Je l'ai donc installé chez moi, et je suis allé prendre mes quartiers dans le petit studio que Jo avait aménagé au-dessus du bar. La dépouille ne lui fut rendue que trois jours plus tard. Elle avait demandé que je m'occupe du bar pendant le temps où elle aurait à s'inquiéter de remplir toutes les formalités. Entre les obsèques, les auditions chez les flics, et autres paperasses, les journées furent bien remplies pour elle. Je la suivais dans ses déplacements, elle regagnait l'appart plus fatiguée à chaque fois. Le bar étant resté plusieurs jours fermé, je redoutais le moment de l'ouverture. La masse des curieux qui n'allait pas manquer de poser des questions connes, et d'avancer des théories plus loufoques les unes que les autres. Francis me donnera un coup de main. Nous connaissons tous les deux le métier. Bien que grand fainéant, connu et reconnu. Il m'arrivait parfois de remplacer Jo ou un autre de mes amis patron de bar. Francis, quant à lui, avait pratiqué professionnellement pendant plus de dix ans. Pendant longtemps, nos petits vieux n'auraient plus d'adversaire pour la belote. De toute manière je n'aurais pas le cœur à rire et à jouer.

Le premier jour, ce que j'avais pressenti s'avéra exact. Tout le monde voulait savoir. La clientèle d'habitués me pressa de questions. J'entendis tout et n'importe quoi. Chacun y allait de sa version. Ce fut véritablement dur à assumer. J'y parvins après beaucoup d'efforts. Sans m'énerver, et avec tact je remis à leur place, certains qui affabulaient sur une guerre de quartiers qui couvait depuis longtemps. Deux jours plus tard, nous allions dire adieu à mon ami. J'accompagne Cécilia à la levée du corps. La famille du frère de Jo est là aussi. J'ai emprunté la voiture de Magali pour nous conduire jusqu'au cimetière. Jo ne voulait pas d'un enterrement religieux. Une épreuve de moins à surmonter. Quand nous arrivons, tout le quartier est là, plus des amis et connaissances de la ville entière. Je laisse les membres de la famille entre eux. Cécilia veut que je reste. Considérant que ce n'est pas ma place, je m'éclipse et rejoins ceux avec qui nous porterons le cercueil. Habib et d'autres amis. Je surprends les larmes de son frère. Ça reste un con, mais sa peine n'est pas feinte. Il a résisté jusqu'au bout, mais craque comme beaucoup d'entre nous quand il voit la caisse en bois descendre d'où elle ne remontera jamais. Même les imbéciles ont un cœur. Cécilia derrière ses lunettes noires semble être ailleurs. Je craignais sa réaction, mais elle reste stoïque. Certainement pour faire honneur à son père qui l'aurait voulu ainsi. Elle refuse les condoléances, demandant à l'assistance de pouvoir rester seule devant la tombe. Je regarde sortir tout le monde, il manque deux personnes qui devraient être là. René et Frisé ne sont pas venus. Ses deux enfoirés n'ont pas montré le bout de leurs nez depuis la nuit tragique. Toujours à l'écart, je vois la petite parler à son défunt père. Elle craque elle aussi, ses jambes se mettent à trembler, d'un pas rapide, je me rapproche du trou, arrivant juste avant que Cécilia ne s'effondre. Je la soutiens jusqu'à la voiture. Quelques-uns sont restés en discutant. Attendant de savoir si nous avions besoin d'eux. D'un signe de tête, je leur fais comprendre que c'est bon, qu'ils peuvent y aller. Francis est déjà au bar, il attend ceux qui veulent prendre le pot de l'amitié. Cécilia me demande de la ramener à l'appartement. En me garant, je vois madame Dasilva pénétrer sous le porche. Elle revient elle aussi du cimetière. Nous apercevant, elle attend que nous arrivions à sa hauteur. Nous laisse passer et referme derrière nous. Une fois en haut, Cécilia ôte son manteau, et comme un robot entre dans la chambre, s'allonge et continue à pleurer. Il n'y a rien à faire pour la réconforter, il faut laisser le temps au temps. Assis dans le salon, j'attends plus d'une heure, mais elle ne s'endort pas. Je ne peux me résoudre à la laisser seule. De temps à autre je passe la tête par la porte pour essayer de lui parler. C'est peine perdue. La terrible douleur qui la frappe doit s'écouler larme par larme. Me sentant complètement inutile, je descends au rez-de-chaussée, pour demander à madame Dasilva si elle peut monter pour prendre soin d'elle. La concierge accepte tout de suite. Je remonte pour l'attendre. Elle sonne à la porte après quelques minutes. Une fois encore j'entre dans la chambre.

« Cécilia… Je vais aider Francis au bar. Madame Dasilva est à côté. Si tu as besoin de quoi que ce soit, elle m'appelle et je rapplique. »

Elle est roulée en boule, mais je vois son hochement de tête qui me donne son accord. La vieille Portugaise sera mieux à même de la réconforter. En arrivant au bar, je remarque que beaucoup de monde est présent. Les vrais amis, mais aussi quelques têtes de cul qui profitent de l'occasion pour se rincer la dalle, et manger à l'œil. L'envie de les envoyer se faire foutre, de leur éclater un verre sur la tête me vient. Je me ravise. Ce n'est pas le moment de faire du scandale. Qu'ils boivent, qu'ils mangent ces connards. Ne serait-ce que par respect pour Jo, je ne dois pas faire d'esclandre. Le frangin de mon pote est là. Assis dans un coin. Il se lève, s'avance vers moi, et me demande.

« La petite, ça va ? » L'intonation de sa voix démontre une réelle inquiétude pour sa nièce.

« C'est pas la grande forme ! Mais elle est solide. »

Il se rassoit la tête baissée. Puis de nouveau s'adresse à moi.

« Nicolas… Je sais que tu ne m'aimes pas ! C'est normal, nous n'avons pas la même perception de la vie. Tu me prends pour un minable, tu as peut-être raison ». Je voulais l'interrompre, mais il continua « Laisse-moi finir s'il te plaît ! La seule chose que je veux te dire c'est que j'aimais mon frère. Cécilia ne m'aime pas non plus… »

De nouveau je tente de le couper.

« Tu sais… » Il poursuit avant que j'ai pu terminer.

« Il n'y a rien à dire ! Je le sais ! Seulement, elle est la seule famille qui me reste de ce côté-là. Je ne te demande qu'une chose. Veille sur elle, et tiens-moi au courant de ce qui pourra advenir par la suite. Si tu y arrives, essaye de faire en sorte qu'elle appelle de temps en temps. »

De grosses larmes coulaient maintenant sur ses joues. Sa sincérité, et la tristesse qu'il montrait venaient de faire taire mon antipathie pour lui. Essuyant son visage d'un revers de manche, il me tend la main, je l'accepte volontiers cette fois-ci.

« Ne t'inquiète pas, je m'occupe d'elle. Elle t'appellera ! Sois-en sûr ! »

Il part sans se retourner, emplit de la peine d'un homme ayant perdu son frère. Les discussions continuent au comptoir. Tous parlent bas, comme si quelqu'un dormait dans la pièce d'à côté. Je passe derrière le zinc, me sers un pastis surdosé, lève mon verre en criant à l'assistance.

« Les enfants ! À notre ami Jo ! Que son souvenir ne s'efface jamais ! »

Tous lèvent leurs verres et trinquent. Après celui-là, pendant trois heures, je me les enfile, les uns après les autres avec la furieuse envie de me saouler. J'y parviens aisément.

« Francis ! Tu peux fermer le bar tout seul ? »

« Oui, vas-y ! Pas de blèmes ! »

Je n'ai pas envie de marcher, mais je m'y oblige. Essayer de dessaouler, voilà la gageure que je veux m'imposer. Je fais un long détour, pour retrouver une démarche acceptable. Mon haleine me trahira quand même, je n'en ai cure. Avec la fraîcheur de ce début de soirée, j'atteins presque la réussite de cette entreprise qui paraissait vouée à l'échec au départ. Je marche pratiquement droit quand j'arrive devant le porche de l'immeuble où je réside. Je pousse la lourde porte en bois. Le couinement des gongs transperce le silence de la rue déserte. Je regarde par automatisme le rideau de la concierge, je réalise après coup, qu'elle est chez moi avec Cécilia. Je monte péniblement les étages qui mènent chez moi. J'ouvre, tout est silencieux. Je m'avance vers la chambre, madame Dasilva m'a entendu, elle vient à ma rencontre sur la pointe des pieds.

« Pas dé brouit, la pétite elle dort. »

Je suis soulagé. Je vais pouvoir me remettre de la cuite turbo que je viens de prendre. Tentative bidon de perdre pour un moment la mémoire, et oublier les jours maudits que nous venons de vivre. La brave femme s'aperçoit de suite que je ne suis pas au mieux de ma forme, et propose de continuer à veiller Cécilia. Je la remercie, mais lui dis que tout ira bien. Elle réajuste son châle sur sa tête, et s'avance vers la porte.

« Jé choui touyour en bas. Chi ya oun béssoin ! »

« Je vous appelle s'il y a besoin. Merci encore, madame, merci pour tout. Bonne soirée. »

Elle ouvre, me sourit et s'en va. Je m'écroule dans le canapé. En moins de temps qu'il n'en faut pour le dire, je sombre dans un profond sommeil. Quand je me réveille, j'ai la bouche pâteuse. Une forte envie de boire, mais ce n'est pas ça qui m'a perturbé, et a provoqué mon réveil. C'est la sensation d'une présence toute proche. Je me redresse, Cécilia est assise en face de moi. Les cheveux tirés en arrière, le visage grave, elle me regardait dormir. D'un sourire ressemblant plus à une grimace tellement j'ai mal au crâne, j'accueille son regard.

« Ça va Cécilia ? Tu es réveillée depuis longtemps ? »

« Non dix minutes à peine. »

Elle ne pleure plus, mais ses yeux sont encore gonflés par les sanglots de la veille. Je regarde l'heure. Il est quatre heures du matin. J'ai dormi presque sept heures. Ma bouche est de plus en plus sèche. Il faut que j'aille jusqu'à la cuisine me servir un verre d'eau.

« Tu veux boire quelque chose Cé ? »

« Non, ça va. Il y a du jus d'orange dans le frigo. »

Une femme habite la maison, ça se voit. Du jus d'orange dans le frigo ! Il n'avait pas reçu une telle visite depuis des lustres. Quand j'ouvre la porte, les étagères débordent de nourriture. Elle se rend compte de ma surprise.

« J'ai demandé à madame Dasilva de me faire des courses. »

« Tu as bien fait. Tu es chez toi. Pourtant je suis sûr que tu n'as rien mangé depuis des jours. »

« Ce n'est pas pour moi ! Y a rien qui rentre en ce moment. C'est pour toi. »

« Merci. Mais je ne toucherais rien si tu ne grignotes pas quelque chose avec moi. Allez ! Arrive ! Viens t'asseoir. »

Elle se lève et me rejoint. Prend place à table pendant que je sors de quoi nous restaurer. Elle veut m'aider, je l'en empêche.

« Reste assise ! Je m'occupe de tout. »

Elle me regarde opérer. Comme j'ai deux mains gauches, j'arrive après un bon moment à dresser une table à peu près correcte. Sans le vouloir, avec mes maladresses j'arrive à, tirer une esquisse de sourire à Cécilia. J'ai posé devant elle une assiette de jambon blanc, et prépare une salade de tomates.

« Mange ! Je finis ça et j'arrive. »

Elle n'en fait rien et m'attend. Une fois la salade terminée, je prends place à mon tour. Je la regarde découper son jambon en tous petits bouts, comme on le ferait pour un bébé. Idem pour les tomates. Même comme ça, je me rends bien compte qu'elle se force. Je l'encourage un peu.

« Allez mange… Il ne faut pas te laisser aller. »

« Tu sais ! Même en temps normal, je ne mange pas beaucoup, alors avec tout ça. »

Elle s'arrête, je vois ses yeux s'emplir à nouveau de larmes. Mais elle continue à avaler les petits morceaux qu'elle a découpés. Je la laisse faire à son rythme, trop heureux qu'elle se nourrisse enfin. Peu à peu elle finit presque son assiette. Elle repose sa fourchette, et me fixe.

« Tu sais Nico… Je crois que je vais tout vendre et partir ailleurs. » Elle me surprend sur le moment. Mais comment lui donner tort. Tout dans le quartier lui rappellera son père. S'il était parti d'une autre manière, ce serait supportable, dans de telles conditions, c'était un tout autre problème. Personne ne pouvait se mettre à sa place.

« Fais comme tu le sens. Prends ton temps, et fais ce qui te semble le mieux pour toi. »

« Il me sera impossible de rester dans cet environnement. Le bar, l'appartement, la rue, tout ça me ramènerait à la vision de papa étendu dans cette cage d'escalier. »

Je ne pouvais qu'acquiescer. Je la regarde longuement, ce n'est plus la gamine que j'ai laissée derrière son comptoir quelques jours auparavant. Elle est devenue femme par la force des choses. Je retrouve par certains côtés le caractère de son père. Comme lui, elle sait ce qu'elle veut, et surtout ce qu'elle ne veut pas. Tout en me faisant ces remarques, je termine moi aussi mon assiette. Je me lève et l'invite à venir s'asseoir avec moi au salon. Elle veut ranger avant.

« Laisse tomber ! On fera ça demain ! »

Elle ne m'écoute pas, et continue à ranger les aliments dans le frigo, la vaisselle dans l'évier. Donne un coup d'éponge sur la table, seulement après ça, elle vient s'installer dans le canapé avec moi, et me demande.

« Tu peux t'occuper du bar encore quelque temps ? »

« Bien sûr ! Autant qu'il le faudra. Pour l'appart, c'est pareil, tu restes le temps que tu veux. Prends ton temps pour régler tes problèmes. J'irai chez toi chercher tes affaires. Fais-moi une liste demain en m'indiquant les endroits où trouver ce dont tu as besoin. Comme ça je profite de la voiture de Magali pour faire le transfert. »

« Qui c'est Magali ? »

« Une amie. Elle connaissait ton père. C'est sa voiture que j'ai depuis hier. »

« Une amie, ou ton amie ? »

« C'est compliqué, nous avons été, nous avons failli être, mais en fait nous n'avons jamais été. »

« Plutôt compliqué comme tu dis. »

« À part ça, elle est géniale. Quand j'en ai marre de tout, je l'appelle et nous sortons ensemble. Resto, ciné, ou encore en boîte. »

« Tu vas en boîte ? Toi ? »

« Rarement, même très rarement, mais ça m'arrive. Seulement avec elle, donc vraiment pas souvent vu que nous ne nous voyons qu'une à deux fois par an. »

Je parle dans le vide, elle s'est endormie sur mon épaule. Je me déplace délicatement pour pouvoir l'allonger sur le canap sans la réveiller. Je vais chercher une couverture dans la chambre pour l'en recouvrir. Je m'installe sur un des fauteuils en face d'elle, et sombre à mon tour dans un profond sommeil. Un bruit de vaisselle dans l'évier me réveille. Cécilia est debout en train de laver les assiettes et les couverts dont nous nous sommes servis dans la nuit. Elle s'aperçoit de mon réveil.

« Excuse-moi ! Je t'ai réveillé ! »

« Tant mieux. Il faut que j'aille au bar. Francis doit me maudire. Je l'ai laissé fermer seul hier, il faut au moins que je sois là le matin. »

« C'est vraiment un chic type ce Francis. »

« Tu peux compter sur lui autant que sur moi. Si je suis absent, n'hésite pas. Sous son air de fouine, c'est un homme dans tous les sens du terme. Au fait, tu m'as fait la liste pour tes affaires ? »

« Oui sur la table. Récupère aussi l'argent dans la chambre de papa. »

En prononçant ces mots, elle ramène les larmes dans ses yeux.

« Je prendrais une douche au studio. J'y vais vite. Tu me bipes si tu as besoin de quoique ce soit. »

« OK, vas-y. »

Je ramasse la liste et les clefs sur la table, puis je fonce au bar. Il est encore tôt, le bar s'est vidé des prolos du matin en attendant les chômeurs, les retraités et toute la faune des oisifs qu'ils soient honnêtes ou non. Francis lit tranquillement le journal posé sur le comptoir.

« Excuse-moi Fran, je suis à la bourre. »

« Pas de soucis. De toute façon y a rien à faire. »

« Alors je monte prendre la douche, et j'arrive. »

« Fait ! Fait ! »

Me dit-il. Je grimpe à l'étage, je me douche en vitesse, et redescends aussitôt terminé. Toujours pas grand monde. Francis est en train de servir deux blancs cassis, je sais sans les voir que les ex-gagneuses de la vieille ville sont là. La matinée se passe, puis arrive l'heure de l'apéro. Nous ne sommes pas trop de deux pour servir tous ces soiffards. Ils sont pressés d'avoir leurs doses, quitte à ne manger qu'un sandwich vite fait pour garder du temps pour les gorgeons. J'ai déjà donné la main au service, et je connais le métier. Mon acolyte aussi se débrouille bien. Pendant près de deux plombes, nous faisons de notre mieux, tout le monde à l'air satisfait, donc nous le sommes aussi. Le bar ce vide peu à peu, il ne reste plus que les traînards et les sans famille. Francis va pouvoir y aller, pour revenir à dix-huit heures. Je suis seul depuis quelques minutes quand je vois René pénétrer dans le bar. Il s'avance jusqu'à moi, me fait la bise.

« C'est toi qui t'occupes du bar gros ? »

« Oui pour un moment, le temps que la petite se remette. »

Il ne me demande même pas comment elle va. Il fait pourtant partie de ceux qui l'ont vu grandir, qui étaient là aux anniversaires pendant sa prime jeunesse. Tout ça le laisse indifférent maintenant. Je le vois sous son vrai jour froid et distant.

« Tu veux le café René ? »

« Non donne-moi plutôt un ballon Vittel. »

Je le lui sers, il boit doucement sans dire un mot. Son attitude est étrange, il pose les yeux partout, comme si c'était la première fois qu'il mettait les pieds dans ce lieu. Le corps de celui que je pensais son ami, est tout juste froid, que déjà son instinct de vautour le fait s'intéresser à la place libérée par le meurtre. Sans avoir dit un mot, son comportement le trahissait. Pas besoin de sortir de Saint-Cyr pour comprendre qu'il était en plein inventaire du café. Il ne finit pas son verre, et me lance en partant.

« Tu diras à Cé, qu'il faut qu'on la voit ! »

Quel enculé ce mec, c'était réellement le but de sa visite. Cécilia prenait dans sa douleur une bonne décision en vendant. Si par malheur elle avait décidé de continuer, ces deux chiens féroces auraient fait de sa vie un enfer pour tirer le meilleur prix possible de l'établissement. Je suis estomaqué par tant d'aplomb et de froideur. Tout l'après-midi je ne peux m'empêcher de penser aux difficultés qui vont immanquablement se dresser devant Cécilia. Elle a beau avoir du caractère, elle ne fera pas le poids devant ces hyènes sur le sentier de l'argent. Une solution existe, mais je devrais me mettre en avant. Je lui en parlerai en temps voulu. L'après-midi passe avec lenteur. Le vieux Mathieu relit pour la énième fois le journal, assis au fond de la salle près du chauffage. Pauvre homme pratiquement indigent, faisait partie de ceux qui avaient cru que la vie était une aventure qui terminait toujours bien. Des années de prison plus tard, il était tombé de haut, c'était retrouvé dans la misère sans pouvoir chauffer son lieu d'habitation. Les aides aux personnes âgées lui permettaient de subvenir à quelques besoins, mais une fois le plein de pâtes et de tabac fait pour le mois, aucune fioriture ne lui était permise. Je le regarde un moment, une crainte alors m'envahit, celle de finir comme lui. Je ne suis pas mieux que ce qu'il avait pu être. Si je continue dans cette optique, je me dirige droit vers la place qu'occupe Mathieu en ce moment. Je n'arrive pas à détourner mon regard du vieil homme. Je ne sais pourquoi, je l'appelle.

« Mathieu ! Tu veux le café ? »

Gêné, car il pense que je lui prends commande. Il ne sait quoi dire n'ayant pas un sou en poche. Comprenant aussitôt sa gêne, je m'empresse de lui dire que c'est offert. Ce vieux filou n'est plus gêné du tout, et me dit en rigolant.

« Alors je préfère une bière si c'est offert ! »

Pris au piège de ma bonne action, je ne pouvais que satisfaire sa demande. Hilare il s'avance au comptoir tout heureux du tour qu'il venait de me jouer, mais ne voulant pas passer pour un profiteur, il ajoute.

« Non je rigole, met moi un café. »

Il a tellement bien mené l'affaire, que je suis obligé de lui faire couler une pression, et la lui tend.

« Bon si tu insistes, je la bois volontiers. »

Sacré vieux grigou. C'est quand même un plaisir pour moi de lui offrir ce verre. Ce petit jeu le met de bonne humeur. Il n'a rien d'un pique-assiette ou d'un profiteur. La veille il aurait pu boire et manger à satiété, il s'était pourtant éclipsé après le cimetière. Il avait gardé toute sa fierté. La misère n'en avait pas fait un mendiant ou un quémandeur. Il a joué, il a perdu et en assume les conséquences, quelles qu'elles soient. Je discute un peu avec lui. Quand j'étais môme, et qu'il n'était pas au ballon, je le voyais toujours bien fringué, roulant dans de grosses cylindrées, se montrant généreux avec tout le monde. Les souvenirs affluent dans ma tête, c'est lui qui avait mis le pied à l'étrier aux deux affreux, ils ne le calculaient même plus depuis des années. Encore une preuve de leur indifférence pour les autres. Quand ils rendaient service, c'était en fait pour faire tomber ceux qui en bénéficiaient dans une nasse dont ils ne pourraient jamais se sortir. Ils asseyaient leur domination sur les pauvres gens qui avaient fait appel à leur service. L'histoire des crédits allait certainement faire chuter encore beaucoup de personnes se trouvant dans le besoin, plus les redevables ne pouvant refuser une offre venant de deux hommes aussi dangereux et violents. Après le premier demi, je lui en sers un autre pour lui montrer que j'avais apprécié son petit tour. Bientôt dix-huit heures, Francis arrive, il est en avance. J'ai l'impression qu'il prend goût au travail que nous faisons. Je peux partir. En moins de deux heures, je pourrais faire ce que j'ai à faire. Remontant la rue, je récupère la voiture devant chez moi et je la gare au pied de l'immeuble de mon ami Jo. Pas besoin de code ni de clef pour pénétrer dans le hall.

Personne n'a pris le soin de nettoyer le sang séché ni la forme tracée à la craie sur les tomettes rouges de la cage d'escalier. J'accélère le pas pour traverser le plus rapidement possible cet endroit qui me rappelle cette maudite journée. Je grimpe au premier, ça fait un bail que je ne suis plus venu. Rien n'a changé, le décor est comme à l'image de Jo, simple et rustique. J'ai un pincement au cœur dans la cuisine, les restes du petit déjeuner du père et de la fille sont toujours sur la table. L'oncle était passé prendre quelques affaires pour sa nièce, mais n'avait touché à rien. La chambre de Jo était la première dans l'étroit couloir. Suivant les indications inscrites sur la liste, je monte sur une chaise, et soulève la planche qui cache l'argent dans une espèce de double fond en haut de l'armoire. Il est emballé dans un sac plastique sous vide. Certainement en prévision d'une mauvaise passe, ou d'une cavale provoquée par les activités extraprofessionnelles de mon ami. Je ne sais pas combien contient ce sachet, mais c'est un beau pactole. Je me rends ensuite dans la chambre de Cé. Je découvre un tout autre monde. Celui d'une jeune femme de son temps. Ordinateur portable sur le bureau, déco recherchée, et mobilier récent. Deux gros sacs de voyage vides trônent en haut d'une penderie. Il me faut les remplir avec le plus possible de vêtements, et de chaussures. Ensuite c'est le tour de la salle de bain. Je vais avoir besoin d'un troisième sac pour pouvoir emporter tous les produits qui envahissent les étagères d'un meuble aux portes vitrées. Je n'ai pas envie de fouiller partout, je vais donc me servir du sac qui sert pour le linge sale pendu à côté de la machine à laver. En faisant attention, je devrais pouvoir ne rien casser. Je réunis tout mon barda devant la porte pour n'avoir qu'un voyage à faire. En repassant devant la cuisine, je remarque qu'un des deux bols est à moitié rempli, et qu'il flotte à la surface une pellicule de moisis. Je me rends compte alors que Cécilia a vécu presque en direct la scène, tout du moins en sonore. Elle a peut-être même vu son père avant les flics qui ont fumé l'autre abruti. J'imagine mieux son calvaire si je ne me trompe pas. Munis de tout ce que j'étais venu chercher, je redescends charger la voiture, et direction mon appartement. Une fois arrivé, je remonte tout ça. Cécilia est là, elle m'attend les cheveux mouillés. Je comprends que plus que moi c'est un des ustensiles de la salle de bain qu'elle espère. Je lui tends le sac où se trouve le sèche-cheveux.

« J'y vais vite ! Il faut que je rende la voiture à Mag. »

« J'ai pas tout compris hier. Tu m'expliqueras mieux qui c'est ? »

« Oui ! Oui ! J'y vais vite à ce soir. »

Je dois ramener le véhicule, puis Magali me ramènera au bar. Elle est prête et m'attendait. Je crois que ce qui me plaît le plus en elle, c'est qu'elle ne pose jamais de question. Ses beaux yeux bleus ne paraissent tout pareillement jamais surpris. Cela fait des années que nous ne nous étions pas vus aussi souvent en un laps de temps aussi court.

« Merci encore Magali. »

« Tu plaisantes ? Tu n'as pas à me remercier, ça me fait plaisir de te rendre service, bien que j'aurais préféré que ce soit en d'autres circonstances. »

Hélas c'est à cause d'un malheur que nous avions passé tout ce temps ensemble. Elle se tourna avec visage triste.

« Et la petite ? Comment va-t-elle ? »

Je lui donnais les dernières nouvelles, en confirmant que Cécilia remontait doucement la pente. Il lui faudra du temps pour qu'elle reprenne goût à la vie. Nous arrivons devant le bar. Avant de la quitter, je l'embrasse tendrement sur la joue. Il n'est pas vingt heures, seulement une dizaine de clients au comptoir, et trois jeunes jouant au rami dans la salle. Pas de quoi fouetter un chat. La soirée s'annonce morose. Francis discute avec des, ouvriers couverts de plâtre ayant oublié l'heure, mais qui ont l'air de s'en contrefoutre. La soupe à la grimace les attend au dîner, alors tant qu'à faire ils vont au bout de leur cuite. Les autres, ce sont les habitués de la fermeture, espérant qu'avec nous elle sera repoussée à un peu plus tard. Je n'ai rien contre, et mon ami aime traîner le soir. Si ça tarde vraiment trop, je laisserai comme hier Francis fermer tout seul. J'ai envie de boire, mais je me retiens. J'ai déjà pris une bonne murge la veille, il ne faudrait pas que ça devienne une habitude. Je me sers quand même un pastis noyé dans un grand verre. Vingt-deux heures, et personne n'a quitté le navire. Je commence à tourner en rond, Francis le voit et me dit qu'il peut fermer tout seul. Je ne me fais pas prier, j'enfile ma veste et bonsoir à tous. Toujours le même chemin qui me ramène chez moi en passant devant chez Jo. Après avoir passé les lourdes portes de l'entrée, je sens une bonne odeur de cuisine qui flotte dans la cage d'escalier. La mère Dasilva a dû se mettre aux fourneaux, et comme chaque fois elle fait saliver tous les locataires avec les senteurs de sa tambouille. Je frappe avant d'entrer. C'est mon appart, mais je veux que Cécilia se sente vraiment chez elle, et ne se considère pas seulement comme une invitée. Cela la, trouble, elle en fait la remarque quand elle ouvre en s'attendant à trouver quelqu'un d'autre.

« Tu frappes pour entrer maintenant ? »

Je lui explique pourquoi, elle esquisse un sourire et me laisse entrer. L'odeur de ce que j'imagine être une sauce à base de tomate s'intensifie à l'intérieur. Je vois sur la cuisinière un fait-tout qui ne m'appartient pas.

« Tu as préparé quelque chose à manger ? »

« Non c'est la concierge qui l'a apporté, je crois que ce sont des boulettes de viandes en sauce. »

Cette brave femme savait que je serais incapable de faire à manger pour la petite, le temps qu'elle se reprenne. Pour ça, elle avait préparé un bon petit plat, en espérant pallier le manque qui se ferait sentir. Il est vrai qu'avec toutes ces années d'observation, elle savait que je faisais jamais de courses conséquentes. La liste que lui avait remise Cé, prouvait qu'elle de son côté mangeait comme un piaf. Cela devait lui être insupportable, donc elle avait décidé de nous nourrir de gré ou de force, sacrée bonne femme. La voilà revenue au temps des matches de foot. Je soulève le couvercle du fait-tout, l'odeur qui s'échappe de ce plat me met l'eau à la bouche. Je dresse vite fait la table.

« Cécilia ! Viens manger ! Il faut que tu manges ! » Elle approche, mais ne semble pas emballée par la perspective de manger. Elle sait que j'ai raison et s'assoit en face de moi, mais au lieu de s'occuper des deux boulettes que je lui ai servies. Elle me questionne sur Magali. Ne comprenant pas pourquoi si nous sommes aussi proches, elle ne la connaît pas. Ça l'intrigue, je suis content que ses sujets de conversation changent un peu. Sans atténuer sa peine, cela l'éloigne au moins un moment. Cette soudaine curiosité pour Mag, m'intrigue. Avais-je raison quelques semaines auparavant ? Cécilia pourrait-elle me considérer autrement que comme l'ami de son père ? Je m'efforce de lui expliquer encore une fois la drôle de relation que j'entretiens avec cette amie particulière depuis plus de vingt ans. Elle n'y croit pas trop, mais fait comme si. Pendant que nous discutons, je la vois sourire à plusieurs reprises. Des sourires empreints d'une certaine tristesse, mais ça change les traits de son visage. Ils redeviennent détendus, et harmonieux. Disséquant les boulettes avec sa fourchette, elle picore pendant les longues minutes de notre conversation. Ce n'est pas grand-chose, mais c'est toujours ça. Le temps passe, je me lève pour partir.

« J'y vais Cé ! »

« Reste un peu. »

Je sais que si j'accepte, je suis encore bon pour la nuit. Les gens finiraient par se poser des questions. En plus c'est moi qui ouvre demain matin, je serai sur place.

« Non c'est moi qui ouvre demain ! »

Elle n'insiste pas, ne boude pas non plus.

« Désolé je sais que ce doit être long, mais j'ai deux ou trois choses à faire. Je t'expliquerai. »

Je n'ai pas envie de lui raconter la visite de René. Il faut que je sois sûr de ce qu'il a derrière la tête. Quand j'arrive au coin de la rue, le bar est encore ouvert. Je passe par l'entrée de service pour ne pas me faire alpaguer par un client ou par Francis. L'agencement du studio se résume en un lit, une armoire, et une télé posée sur un petit meuble. Avec les programmes qui sont diffusés, je ne devrais pas avoir de mal pour trouver le sommeil.

Deauville

Le trouble que j'ai ressenti, c'est estompé. Je suis de nouveau en pleine possession de mes moyens. C'est en effet ce qu'il me semble, mais je dois garder mon sang-froid. Ce petit passage à vide a peut-être donné des idées à certains. Mes nouvelles cartes ne sont pas mauvaises, bien que je n'ai qu'une position assez moyenne, je relance avec as valet. Le premier adversaire sur la gauche me colle. Le bouton qui est au plus mal, relance du double. La petite et la grosse blinde jettent leurs jeux. Je suis engagé, je ne peux plus reculer. Je call. À ma gauche ça se couche. En avant pour le flop. Un as, un quatre, un dix. C'est très bon. Je sais que s'il est costaud, avec le peu de jetons qu'il possède, ça ira à tapis. Je lui laisse l'initiative. C'était inévitable. J'entends ALL-IN. J'aligne le nombre de jetons qui sont demandés. Un léger stress quand il retourne as et dame. La turn ne change rien, la river non plus. Je perds encore une partie de mes jetons, mais il n'y a pas péril en la demeure. Je m'étais promis de ne jouer qu'en bonne position. Mais refuser une main comme celle-là, je n'y arrive pas. Je suis toujours dans le top huit, c'est surtout dû à la faiblesse de tapis des derniers. Si l'un d'eux double son stack, je me retrouverai neuvième. Si moi je doublais le mien, je viendrais titiller les premiers. Tout peut arriver. Pas d'énormes écarts donc. C'est certainement pour ça que la partie ne s'emballe pas. Tout le monde se surveille, s'épie, se craint. Nous risquons de finir très tard. Je suis de nouveau concentré.

Main après main, le temps passe. Quand je suis au bouton, j'arrive par deux fois à voler les blindes.

Le niveau de mes piles de jetons ne baisse pas. Sur la table d'à côté, un tapis est en jeu. Le mec qui était debout serre la main de tout le monde et s'en va. Il empoche quand même trente-deux mille euros. Plus que onze, et, toujours pas de super écart. Le sortant a perdu contre un joueur qui est à peine plus riche que lui. Un combat de longue haleine se prépare. Si je vois juste, les nerfs seront plus importants que les cartes distribuées. Beaucoup moins de coups seront joués. Le nirvana n'est plus très loin. Tous autant que nous sommes autour de ces tables, nous en rêvons. Très peu de spectateurs sont restés. Il est vrai que seulement deux pros sont encore en lice. Les curieux et les quelques supporters restants sont scindés en deux groupes, un petit contingent qui nous regarde, et le deuxième plus important est dans l'autre salle pour supporter les plus connus qui ont perdu, et jouent une partie de cash-game. Pour moi, seulement une personne est au courant du lieu où je me trouve. Je lui ai demandé de ne pas venir. J'en suis là de mes pensées, quand je remarque que mes adversaires sont tout aussi fatigués que moi. Seuls les deux professionnels ont l'air encore frais et dispo.

Enfin la position avec de belles cartes. Une paire de rois au bouton. Tous devant moi jettent leurs jeux. Je relance de trois fois la grosse blinde. La petite se couche, la grosse call. Les cartes sont retournées. Un quatre, un neuf, un valet tous trois à carreau. Je n'ai pas le roi de carreau dans ma paire. Le gars check, je relance de la moitié du pot. Il réfléchit un long moment, puis suit. La turn est atroce. Un six de carreau. Je suis obligé de chécker, sans attendre, il fait de même. La river est un neuf de pique. A-t-il un carreau ? Si oui, craint-il que j'en aie un, plus fort que le sien ? Je checke par prudence. Il fait de même, sans réfléchir. Il est prudent, ça lui va bien. Il retourne deux femmes, aucune d'elles n'est à carreau. Je ramasse les mises. J'ai eu chaud. Sur l'autre table, on entend une discussion assez vive. La partie est interrompue pour un litige au niveau de la parole. On appelle le superviseur, qui doit régler le problème. Les points du règlement sont très précis, et ne permettent aucun aménagement. Notre table est en stand-by dans l'attente d'une décision de l'arbitre désigné. Après avoir réglé le problème, il propose une interruption de quinze minutes pour faire retomber la pression. Parfait pour moi. Je trouve un fauteuil à l'écart pour pouvoir allonger mes jambes pendant ce petit quart d'heure de détente. Les yeux mi-clos, je laisse vagabonder mon esprit, qui me ramène immanquablement deux mois en arrière.

Début avril

Cela fait maintenant plus d'un mois que nous nous occupons du bar avec Francis. Cécilia reste cloîtrée dans mon appartement. Elle va beaucoup mieux, mais ne sort pas. Je passe le plus de temps possible avec elle, mais il m'est impossible de lui faire prendre l'air. Je respecte ses décisions, et ne bouscule pas le petit monde qu'elle s'est créé. Les requins sont revenus à la charge. Ils semblent sûrs d'eux, et pas pressés du tout. Faisant semblant de comprendre la retraite, et la détresse de Cé. Qui maintenant au courant de ce qu'ils manigancent. Je l'ai affranchi, et lui ai conseillé de mettre tout ce qui a un rapport avec les ventes entre les mains d'un notaire. De mon côté, pour refréner leurs ardeurs, je laisse entendre que je pourrais en prendre la gérance. Depuis cette fausse info, ils ont espacé leurs visites, et ne viennent quasiment plus. Il faudra jouer serré. S'ils comprennent le coup d'esbroufe, je serai en mauvaise posture, pour ne pas dire en danger de mort. Qu'importe, comment pourrais-je laisser les deux marlous prendre de rifle les rênes de l'affaire. Cécilia n'a pas peur. C'est bien la fille de son père. Si elle n'avait pas décidé de vendre, elle les aurait affrontés. Tous les moments que je passe avec elle m'en rapprochent un peu plus chaque jour. Je ne vois plus la gamine que nous gavions de bonbons dès que sa mère avait le dos tourné. Je découvre une jeune femme sensible, sensée et généreuse. De son côté, chaque fois qu'elle le peut, ce ne sont que piques, allusions, et plaisanteries pour me mettre mal à l'aise. Elle reste tout de même la fille de mon ami assassiné il y a à peine plus d'un mois. Une femme peut-être, mais j'ai le double de son âge.

Rien à offrir que l'incertitude, et une vie de patachon. J'espère de tout mon cœur me tromper. Me faire des idées, qu'elle se rapproche seulement pour pallier le manque que lui a occasionné la perte d'un être cher. En plus j'ai revu à plusieurs reprises Magali, et cette relation je conviens tout à fait. D'ailleurs, sur l'insistante demande de Cé, elle doit passer ce soir prendre un verre à la maison. La concierge a été une fois de plus mise à contribution. Nous l'avons chargé d'acheter des amuse-gueules et du champagne de qualité.

Quand j'arrive à l'appart, le champagne est au frais, et la table basse du salon couverte de petits plats garnis des achats de madame Dasilva. Cécilia m'accueille d'un grand sourire.

« Je suis contente ! »

« Ça te fait tellement plaisir de connaître Mag ? »

« Non ! Non ! Tu ne frappes plus avant d'entrer. »

« Ah oui ! C'est vrai ! »

Je me posais tellement de questions depuis ces dernières semaines, que cette remarque alimentera un peu plus mon questionnement. Magali ne devrait plus tarder à arriver. Je m'apprête à ouvrir le champ quand on frappe à la porte.

« Tu ouvres Cé ? Ce doit être elle ! »

C'est bien Magali, Cé lui tend la main, Magali lui fait la bise sans s'embarrasser d'autres politesses. Le contraste entre elles est flagrant. Une blonde à la peau claire, presque pâle, face à une fille nantie d'une chevelure couleur jais à la peau brune des femmes du sud. Je n'ai pas besoin de faire les présentations, elles le font elles-mêmes. Mag entame la conversation.

« Enfin, je fais ta connaissance... » La tutoyant directement, la glace était rompue.

« Moi aussi, je suis très heureuse de connaître l'amie de Nico. »

Elle avait insisté sur l'amie en attendant la réaction de sa vis-à-vis, qui répond par un grand sourire.

« Vous vous connaissez depuis longtemps m'a dit Nico ! »

« Presque vingt ans, mais c'est une drôle d'histoire. Il a dû t'en parler. »

« Ouais… Comme ça… »

Je devenais transparent. Elles papotaient sans faire plus attention à moi. Je remplissais les coupes, comme un maître d'hôtel du grand monde, écarté de la discussion, n'étant là que pour le service. C'était surréaliste comme situation. Avec beaucoup de tact, Magali évitait de parler du père de Cé, mais c'est elle en lui demandant comment elle l'avait connu qui lança son évocation. Mag narra nos arrivées tardives au bar, et les soirées à trois au comptoir à parler de tout et de rien. Raconta aussi l'affection qu'elle portait à Jo. Les larmes aux yeux, mais avec le sourire, Cécilia l'écoutait, et continuait à poser des questions. Au bout d'un moment, elles réalisèrent que j'avais complètement été mis à l'écart, se tournèrent dans ma direction, et éclatèrent de rire en même temps. Pour la première fois, je revoyais rire Cécilia de cette façon. C'est un bonheur de l'entendre à nouveau. Vraiment une très bonne idée cette rencontre. Nous sommes restés là encore plus d'une heure à discuter de choses et d'autres. Mag devait partir, elle avait un autre rendez-vous. Je la raccompagne jusqu'à la porte. Quand je lui fais la bise, elle me glissa à l'oreille.

« Fais attention à toi ! »

« Pourquoi tu dis ça ? »

« Par ce qu'elle t'aime ! Ça crève les yeux ! » Puis elle dévala les marches à toute vitesse, riant à pleines dents, et me lançant « Tchao, tchao bello ! »

Groggy par ce que je viens d'entendre, je reste figé dans l'entrebâillement de la porte.

« Qu'est-ce que tu fais ? »

La voix de Cécilia me tira de ma torpeur. Je referme le battant sans piper mot. Avait-elle voulu me taquiner, elle adorait ça. Surtout dans ce domaine. Combien de tentatives pour essayer de me caser avec une de ses copines. Combien de rendez-vous ou c'était une de ses amies qui l'excusait de son absence, et passait la soirée avec moi. Je ne savais plus quoi penser.

« Elle est super cette nana. C'est étonnant qu'elle ne t'ait pas mis le grappin dessus. »

Je sentais une pointe d'acidité dans ses paroles. Elle avait besoin de savoir. Je m'assois donc à ses côtés, lui racontant de A à Z toute notre histoire. Je lui explique que sa liberté comptait plus que tout étant une femme correcte, elle n'avait jamais laissé croire à un homme qu'il pourrait être le seul et l'unique amour de sa vie, même de l'année. Cécilia sourit pendant mon explication, puis lâcha.

« Elle t'a fait souffrir ? »

« Non ! Justement, non ! C'est pourquoi je la respecte beaucoup. Elle ne m'en a pas laissé le temps. Dès qu'elle a compris que mes sentiments devenaient sérieux, elle a élevé une barrière entre nous pour me protéger d'une souffrance vers laquelle je fonçais tête baissée. »

« C'est vraiment une chic fille ! »

« Oui. »

Elle pose sa tête sur mon épaule, ne dit plus rien. Je suis ailleurs, les paroles de Mag résonnant encore dans mon crâne. Si elle voit juste, comment vais-je gérer le problème. Je sais qu'il me serait facile maintenant d'éprouver des sentiments pour cette femme. Elle serait idéale pour un bon gars, je suis à cent lieues d'être un mec bien. Toujours sur la brèche, solitaire, forcément sans attaches. Je m'oblige à vivre comme ça, je n'aime pas faire souffrir les autres. Je me connais. Instable, joueur, pardon pas joueur, flambeur, une espèce de vagabond de la vie. Si j'ajoute au tableau mon égoïsme, qui est une protection, et un avertissement que je prends beaucoup, et ne rends pas grand-chose. Peur de perdre ma liberté, bien qu'elle ne me serve bien souvent qu'à faire des conneries. Elle ne dit toujours rien. Ne me sentant pas très bien, je me dégage délicatement. Elle se redresse.

« Je vais y aller. »

« Tu ne veux pas rester un peu ? »

« Francis a rendez-vous, il faut que je ferme le bar. »

Cette excuse est sortie sans aucune hésitation. Je ne pourrais éluder le problème éternellement, il faudra bien qu'un jour nous posions la question ensemble. Si je me fais des idées, je passerai pour un imbécile, tout du moins un présomptueux. Si j'ai raison, aucune solution ne se révèle à moi. Je la salue et m'en vais. Le cœur serré, car si j'ai tout faux, je la prive de la présence affective dont elle a besoin en ce moment. Pas très fier, je prends la fuite une fois de plus.

Francis n'a pas besoin de moi, mais je passe au bar. Un pressentiment. En plus j'ai envie de faire passer le champagne avec un bon vieux pastis. Ils ne sont que quatre, mon ami et trois compagnons du déboire (c'est le nom que se donnent trois des plus gros clients du bar, ayant écumé les bistrots de tout le pays.) Ils sont, toujours à la recherche de leur chef-d'œuvre. J'abandonne l'idée du pastis, et me sers une coupe de champ, en suivant la conversation décousue des trois larrons. Quelques minutes plus tard, le téléphone sonne.

« Laisse Francis ! Je suis sûr que c'est pour moi. »

Je décroche, c'est bien ce à quoi je m'attendais. Au bout du fil, une voix féminine. Celle de Cécilia. Elle appelle pour un prétexte bidon, demandant que je l'accompagne à la banque le lendemain. Elle s'assure seulement que je suis bien au bar avec ce coup de fil. Je hausse le ton, laissant croire que Francis est près de la sortie.

« Francis ! » Il sursaute à côté de moi « Tu peux me prêter la voiture demain ? » Avant qu'il ne me réponde, je continue. « OK ! Merci ! » Puis je reprends avec Cé. « C'est bon ! J'ai la voiture pour demain. Passe une bonne nuit. »

Elle me répond qu'elle va essayer avec une voix boudeuse. Je sais maintenant, si j'en doutais encore que si elle n'est pas amoureuse, c'est bien imité. Je suis déjà sous surveillance. Je vais continuer à boire avec l'équipe de bras cassés. Sinon, je ne pourrais pas m'endormir, et sait-on jamais, le téléphone sonnera peut-être à nouveau. À une heure, je suis au studio. Nous avons enfin réussi à mettre dehors les trois baladins du pastis. Je les entends dans la rue, tenant conciliabule. Trouver un autre comptoir où s'arrimer, et continuer leur beuverie était l'épicentre des palabres. Ils ne sont plus très nombreux ces oiseaux de nuit au quartier. Beaucoup ont levé le pied, la grande faucheuse s'est occupée des autres. Avec les générations suivantes, le changement est total. La nouvelle mode étant le shit et la coke. Sans parler d'une multitude de drogues de synthèse créées par des petits génies de la chimie. Je me réveille une fois de plus avec la bouche pâteuse. C'est le paradoxe de l'alcool, plus on ingurgite de liquide, plus on se déshydrate. Il n'y a pas de frigo dans ce studio. L'eau du robinet fera l'affaire avec son bon goût de javel et de chlore. Une bonne douche, je descends ouvrir. La nuit est toujours là à cette heure matinale. Les travailleurs arrivent un par un, les équipes de chantier se regroupent autour d'un café, avant de partir trimer dans le froid. Puis ce sont les employés de bureau qui se pointent, avec les premières lueurs du jour, qui percent la grisaille de ce début de matinée, pas vraiment hivernale. Mathieu et là. Pour lui aussi c'est l'heure d'embauche. Les turfistes qui préparent leurs jeux l'envoient en mission pour valider leurs tickets. Le PMU se trouvant une rue plus loin. Une conso, quelques pourboires en commission lui permettaient de passer la journée sans trop se faire chier. Les plus généreux lui octroient un petit pourcentage sur leurs gains. Il n'accepte pas de rendre service à tout le monde. Avec le temps, il a pu en faisant le tri, écarter les radins, et les profiteurs. Après avoir brillé tant d'années, il en était réduit à ça. Comme il me l'a dit un jour en riant,

« À soixante ans passés, je fais le garçon de courses. » Son rire masquait mal son amertume, et une espèce de honte. Puis comme un avertissement il avait ajouté. « Prends-y garde fils. » Il me voyait naviguer depuis ma jeunesse, entre mes hauts et mes bas. En toute amitié, il me prévenait des risques que je courrais en continuant ma vie de patachon. Comment renverser la vapeur à mon âge. Je ne sais rien faire d'autre, que manipuler les cartes et pousser les jetons. Le vide s'est fait. Maintenant, seulement quelques commerçants s'arrêtent avaler un café avant d'aller ouvrir boutique ou magasin. Il est dix heures, Francis arrive. Si je veux être là à midi, il faut que m'active. Je récupère les clefs de sa voiture, ensuite je file prendre Cécilia. Quand j'arrive à la maison, elle prête. Je lui fais la bise, et lui demande où se trouve sa banque. Elle en a une dans le quartier, mais a loué un coffre dans une autre agence dans le centre-ville. Elle me donne l'adresse.

« Oh, oh ! Tu as planqué un magot ? »

« Il n'y a pas grand-chose. Je vais mettre l'argent de papa. Il sera moins visible là-bas. »

J'avais complètement oublié le pognon trouvé sur l'armoire.

« Ah oui ! C'est vrai. En plus il devait y avoir pas mal ? »

« Quarante-cinq mille ! Je ne savais pas qu'il avait autant de pognon. Déjà sur les comptes il y a un maximum. J'aurais jamais imaginé. »

« Tu sais… Il était toujours en affaires. »

Petit à petit, Jo, sans faire de bruit, avait amassé une petite fortune. C'était un malin. Il a fallu une histoire à la con avec un abruti décérébré pour bousiller sa petite vie tranquille. C'est vraiment trop moche, l'injustice qui règne sur terre. Quand on voit les deux raclures de bidet toujours vivantes, et plus voraces d'année en année, on se dit que la vie est mal faite. Je roule jusqu'au centre-ville.

« Je te dépose, et je fais le tour. Je te reprends au passage. » Impossible de se garer dans cette rue. Je patienterais en faisant le tour du pâté de maisons jusqu'à ce qu'elle sorte. Après trois tours, la voilà enfin. Elle grimpe en vitesse. Je ne me suis arrêté qu'un instant pour la récupérer, mais les fous du klaxon font quand même entendre un concerto de trompe d'avertisseur. Rien ne m'agace plus que ces impatients, qui pour la plupart n'ont rien à faire que d'errer au volant de leur véhicule, sans but précis, et vous casse les oreilles au moindre arrêt, si court soit-il. Je me fais un petit plaisir en avançant au pas, bien que la circulation soit fluide. Les coups de klaxon redoublent. Allez vous faire foutre !

« Tu as le temps de m'emmener au notaire ? »

« Tu en as pour longtemps ? »

« Tu me lâches là-bas. Je prendrais un taxi pour rentrer. Je risque d'en avoir pour un moment. »

« Tu es sûr ? »

« T'inquiète pas, c'est bon. »

Je la laisse devant l'étude de son notaire, et rentre pour aider Francis au bar. L'heure de l'apéritif avec son affluence va bientôt commencer. Je remarque au fil des jours que des têtes refont une apparition dans le bar. Des mecs que Jo avait mis tricards. Beaucoup pour des histoires bidons de paroles déplacées, ou autres bêtises provoquées par l'alcool. D'autres sont de vraies plaies, ils parlent fort, sont agressifs dès qu'ils ont un coup dans le nez. Pour le moment, ils ne stagnent pas, boivent vite fait un verre, et s'en vont. Je sais qu'un jour, ils se laisseront aller, il sera temps de leur faire comprendre qu'ils ne sont que tolérés. Même si le boss n'est plus là, rien n'a changé pour eux. Comme tous les jours, l'activité s'intensifie pendant deux heures. Ensuite c'est le calme qui reprend sa place. Mon acolyte peut partir. Je fais, couler une mousse pour Mathieu, et la lui apporte à table. Il est surpris sans l'être vraiment.

« Merci fils ! Qui faut-il tuer pour en avoir une deuxième ? » Toujours le mot pour rire le vieux.

« Personne ! Viens la boire avec moi au comptoir ! »

Il se lève, prend son verre, et me suit. J'ai envie de discuter avec lui. Qu'il me raconte un peu sa vie, ses aventures. Il a touché à tout dans son existence. Le braco, les stups, même au proxénétisme. Sur ce point, il le dit et ne ment pas. Sans jamais le vouloir, elles étaient folles de lui, et ramenaient leur tune, sans qu'il n'ait jamais rien voulu ou demandé. Il ne se vantait pas en disant.

« Ah… Que veux-tu, j'étais beau gosse, respecté et pas vache. Ce sont elles qui m'ont choisi. D'ailleurs je n'ai aucune condamnation pour ça. Je n'ai même jamais été inquiété, ou même entendu par les poulets. En plus quand j'étais au ballon, les mandats ce n'est pas mes soi-disant amis qui les envoyaient. Non ! C'étaient ces braves filles. »

Sacré Mathieu, qui peut se douter de la vie qu'il a mené, en le voyant maintenant rendre de petits services pour un verre, ou une pièce. La vie ne peut pas être toujours rose. Il me dit aussi.

« J'ai mangé mon pain blanc, je le paye cher, mais qu'est-ce que j'ai rigolé. Les mecs qui partent au turbin tous les matins, pour trimer comme des esclaves, n'ont pour la plus grande partie, que des emmerdes, et à l'arrivée une retraite de misère. S'ils y arrivent… Moi ma retraite, je l'ai prise il y a bien longtemps. À vingt piges. Pas vraiment de regret, mais pas mal de nostalgie. »

J'attrape son verre pour le reservir, il m'arrête.

« Holà… Stop ! Plus tard si tu veux. J'en ai déjà bu trois ce matin. Miséreux, mais pas pochtron. J'ai rien à oublier moi. »

Me dit-il en riant, et en me claquant l'épaule amicalement. L'après-midi s'écoula paisiblement, jusqu'à l'arrivée de mon pote. Je lui laisse le navire pour deux heures, et remonte voir Cécilia. Quand j'arrive à l'appart, elle est assise face à la table couverte de paperasses. Elle semble vouloir me dire quelque chose, mais rien ne sort. Inquiet, je lui pose la question.

« Qu'est-ce qui se passe ? » D'un geste de la main, elle me désigne les documents étalés devant elle.

« Tu savais pour les appartements ? »

« Quels appartements ? »

« Le notaire m'a remis les actes de propriété de trois apparts sur la cote. »

Je tombais des nues moi aussi. Jo avait vraiment bien mené sa barque. En plus des liquidités, il avait fait l'acquisition d'un parc immobilier non négligeable.

« En plus je n'ai aucun droit de succession à payer. »

« Comment il a réussi ça ? »

« Y a quatre ans, pour mes dix-huit ans, quand il a mis le bar à mon nom, j'ai signé plein de papiers. Je ne comprenais rien à l'époque. Au milieu de la paperasse, je ne me suis pas aperçu qu'il avait monté une société dont j'étais la principale actionnaire, sinon la seule pratiquement. Le comptable s'occupait de tout sans que je n'en sache rien. » Elle souriait. « C'était un ours, croisé avec un écureuil. » Comme je restais scotché, elle poursuivit.

« En plus, avec le montage qu'il a fait, avec crédit soldé après deux trois ans, je ne risquais pratiquement rien, et tout est payé intégralement. »

Son sourire l'amena presque à rire. Le proche passé la rattrapa, et remonta jusqu'à ses yeux, qui s'emplirent de larmes. Je la relevais de sa chaise pour la prendre dans mes bras. Elle me serra avec force, pour ne plus me lâcher. Au d'un long silence, je lui dis.

« Ça va aller maintenant ? » J'essaie de me dégager avec douceur, elle resserre son étreinte.

« Non ! Ne me laisse pas. Je suis bien dans tes bras. »

Le moment redouté depuis longtemps vient de se produire à l'instant.

« Garde-moi dans tes bras ! Ce n'est pas la petite fille d'il y a quelques années ni l'enfant de ton ami qui te le demande. C'est une femme qui a besoin de toi. »

Plus explicite, on ne peut pas faire.

« Tu te rends compte de ce que tu me demandes, Cé ! »

« Oui ! Seulement que tu m'aimes ! »

« Cécilia, j'ai le double de ton âge. Rien à offrir. De plus ami d'enfance de ton paternel. »

Elle voulut m'interrompre. D'un signe de la main je la stoppe. Je continue sur ma lancée.

« Vagabond, insécure, pas d'avenir en vue. Toujours sur la brèche, comment veux-tu que j'arrive à nous faire vivre si j'acceptais cette folie. »

Elle me regarde les yeux écarquillés, avec un air de ne rien comprendre à ce que je dis.

« Tu l'as vu toi-même ! Les lendemains, mon père les a assurés. » Sans lever la voix, mais avec un peu plus de fermeté, je reprends la main.

« Qu'est-ce que tu racontes ? Même si je me sentais assez fort, ou assez fou pour vivre ma vie avec toi. Tu penses que je pourrais toucher à ce qui t'appartient ? »

Elle desserra un peu son emprise pour me regarder dans les yeux.

« Arrête cette fierté mal placée. Je ne parle pas de ça ! On a bien le temps de penser aux choses matérielles. Ce que je sais, c'est que je t'aime ! » Elle haussa le ton, de grosses larmes coulaient sur ses joues. « Depuis trois ans que j'ai compris que j'étais amoureuse de toi ! Je souffre en silence, de ne pouvoir t'avouer ce que je ressens. De te crier mon envie d'être avec toi, de respirer ton oxygène, de partager avec toi tout ce que la vie peut offrir. Que je ne sais plus comment le cacher. »

La sincérité avec laquelle elle m'avait jeté tout ça au visage me bouleversa. Je n'avais plus pied. Je coulais à pic, ne réussissant pas à trouver d'arguments assez solides à lui opposer. Elle était en train de me faire basculer. Pour m'achever, elle pose ses lèvres sur les miennes. Elles ont le goût salé de ses larmes. Je reste planté là, puis je recule doucement. Je me dirige vers la porte, l'ouvre.

« Cécilia… Laisse-moi un peu de temps. Tu sais que je vis une vie de patachon. J'ai besoin de réfléchir. »

Elle me regarde avec ses grands yeux mouillés, et hoche la tête sans rien dire. Une fois dans la cage d'escalier, une envie folle de chialer me prend. Pourquoi étais-je si con ? Jamais une femme ne m'avait fait une telle déclaration. Est-ce qu'un homme, un jour, en avait reçu une comme celle-là ? Elle m'offrait son cœur, son âme. Si j'acceptais de les prendre, je serais le dernier de derniers en ne lui donnant pas la même chose. Je marchais jusqu'au bar, il était tôt, ce qui surprend Francis. La façon qu'il avait de me regarder me laisse deviner la tronche que je devais avoir.

« Fran... Je ne vais peut-être pas venir ce soir. »

« Qu'est-ce qui t'arrive frère ? T'y as une drôle de tête. »

« Des soucis. T'inquiète pas, ça va aller. »

Je repartais comme j'étais venu. Je ne sais pas où j'allais. J'errais pendant des heures dans les rues de la ville. M'arrêtant une fois ou deux sur des terrasses pour boire un café que je ne buvais pas. Sans pouvoir réfléchir, déambulant comme un pantin au milieu des passants, m'excusant quand je les bousculais. Les questions s'entrechoquant dans ma caboche, aucune ne stagnait assez longtemps pour que j'aie le temps d'y répondre. La soirée avançant, elle devenait fraîche, la nuit ne tarda pas à tomber. Le froid se fit plus mordant, et me tira de mon apathie. Je me rends compte alors que je suis à l'autre bout de la ville. Nous étions en avril, mais le froid était hivernal. Je ne pouvais pas tenter le retour à pied, je commençais à être frigorifié. Au bout d'un quart d'heure, je mets enfin la main sur un taxi. Je n'ai que quelques pièces de monnaie, je réglerai une fois arrivé au bar. Le chauffeur se gare au moment où Francis est en train de saluer les derniers clients.

« Fran, tu as des sous sur toi ? »

« Combien il te faut ? »

« Paye le taxi s'il te plaît. »

Pendant qu'il s'occupe de régler la course, je rentre vite me mettre au chaud. Il entre juste après moi. Ferme la porte à clef derrière lui.

« Ça va gros ? T'y as pas l'air d'être dans ton assiette. Cécilia a appelé trois fois ! Qu'est-ce qui se passe ? »

Francis est le plus proche ami qui me reste. Son avis m'aidera peut-être à prendre une décision. J'hésite tout de même à lui dévoiler le pourquoi de mon mal être. Il insista.

« Allez crache le morceau Gros. Tu sais que ça restera entre nous s'il le faut. »

Ce n'était pas un conseil que je cherchais, j'avais juste besoin de parler avec quelqu'un qui savait ce que j'étais, ce dont je pouvais être capable, ou l'inverse. Je me lance donc dans la narration de tout ce qui s'était passé, essayant de ne rien oublier. Francis m'écoute sans piper mot. Je lui dis mon angoisse, et la posture inconfortable dans laquelle je me trouve. Au fil de ma confession, je le vois sourire avec plus d'insistance au fur et à mesure de mon récit. Quand je finis enfin mon laïus, il se met face à moi. Comme un prêtre bénit ses ouailles, avec sa main, il fend l'air de haut en bas, puis de gauche à droite en simulant le signe de croix, et me dit en riant.

« Heureux les simples d'esprit, le royaume des cieux leur appartient. »

Je ne comprends vraiment pas ce qu'il y a de comique dans cette situation. Prêt à l'interrompre, je suis stoppé dans mon élan par un geste de sa main.

« Tu es vraiment le seul à ne t'être aperçu de rien. Tout le monde s'était rendu compte qu'elle te badait. J'ai même pensé un temps que vous étiez ensemble. »

« Ça ne t'aurait pas choqué qu'une gamine de vingt-deux ans ait envie, ou soit avec un type comme moi ? J'ai deux fois son âge, je suis l'ami de son père, et un avenir des plus incertain. »

« Tu crois que ça se prévoit, et que ça se calcule comme un voyage à la montagne ? Noooon, mon ami. Ce serait trop simple. Ça te tombe dessus comme une merde d'oiseau, tu ne la vois pas venir, tu sais ce que c'est quand elle est arrivée, mais tu n'as pas envie de mettre les mains pour vérifier. » Il inspire fortement et continue. « Toi ! Est-ce que tu as des sentiments pour elle ? »

« Je n'en suis pas sûr… Même si j'en avais, tu me connais. J'ai toujours coupé les ponts avant que ça ne prenne trop d'ampleur, ou ne devienne sérieux. »

« Si tu parles comme ça, c'est que tu en pinces pour elle. »

« Peut-être. Ou alors parce qu'elle est la fille de Jo, je ne me sens pas le droit de commencer une histoire, que je suis pratiquement sûr de pas terminer. »

« Tes sentiments et principes t'honorent. Mais, tu n'as pas peur avec cette fierté mal placée de passer à côté de ce que tout le monde recherche. »

« Pour une autre raison, elle a employé les mêmes termes. Fierté mal placée. »

« Je ne veux pas me mêler de ta vie, mais tu ne crains pas… Je me répète, je sais, mais… De louper… Enfin, de manquer la vie, la vraie ! Pas celle que tu mènes. »

Il est en train de s'emballer. Il m'engueule presque.

« T'y en as pas marre de rentrer seul, de manger seul, de dormir seul ! Merde Gros ! Tu as quarante ans passés. Tu veux finir tout seul ? »

C'était maintenant la franche engueulade. Je ne peux rien répondre, il a raison sur toute la ligne. Mais je ne veux à aucun prix être un sale mec. Elle était tellement sincère. Pourrai-je rendre tout ce qu'elle voulait donner. Francis continua à argumenter, je ne l'entends plus. Il comprit, me tapa sur l'épaule.

« Oh ! L'ami t'y es avec moi ? »

« Désolé frérot. »

« Quoi que tu décides, va la voir. Elle avait l'air mal. »

Eh oui ! Quoi que je décide, comme il dit. Je lui fais la bise sans rien dire, je rouvre la porte, puis prends le chemin de mon appart. Ce sont les trois cents mètres les plus longs de ma vie. Je n'étais pas pressé d'arriver, mais je ne pouvais plus reculer. Je frappe à la porte, dernière petite lâcheté pour retarder l'échéance. Elle ouvre, ne dit rien, me regardant avec des yeux rougis par ses pleurs, tourne les talons et va s'asseoir dans le fauteuil qu'elle occupait avant mon arrivée. Je me place face à elle dans le canapé. Pour entamer la conversation.

« Je ne sais pas quoi te dire. Laisse-moi du temps. Je ne veux pas être celui qui va te faire souffrir. »

« Tu déteins sur Magali ! » me dit-elle, agacée. Sa façon de me répondre me fit sourire, et me désarma. Je ne pourrai rien dire, sans qu'elle ne puisse me contrer. En voyant mon sourire, elle en remet une couche.

« Ça te fait rire ? »

« Non… Je ne ris pas. Je t'assure, je n'ai vraiment pas envie de rire. »

Elle ramena ses longs cheveux noirs sur son visage, pour le cacher à ma vue.

« Allez… Viens t'asseoir avec moi. Arrête de faire la gueule. » J'insiste un peu. « Cécilia ! Viens s'il te plaît. »

Elle se lève enfin, et pose ses fesses sur l'accoudoir. Là ça me fait rire pour de bon.

« Tu es vraiment une chieuse ! Tu crois que j'ai envie de passer ma vie avec une chieuse ? »

Elle rejeta sa chevelure sombre en arrière, son visage s'éclaira d'un sourire ; elle se jeta sur le canapé pour se coller contre moi.

« Cé il faut quand même que tu sois patiente. Que tu me laisses m'habituer, à l'idée de prendre le plus grand tournant de ma vie. Je ne veux en aucun cas que tu puisses souffrir une seule seconde de cette relation. Je ne sais pas si je suis capable d'aimer, comme toi tu sembles pouvoir aimer. Voilà. »

Elle m'écoute avec attention en se tordant les doigts dans tous les sens.

« Tu sais, c'est pas grave, s'il y en a un qui aime plus que l'autre. »

« Tu crois ? »

« Comme tu le dis. Laisse faire le temps. »

Je caressais sa joue. Comme un bébé elle suçait son pouce. Je me déplace pour me lever, elle sursaute et se redresse aussitôt.

« Tu t'en vas ? »

« Oui je descends au studio. »

Avant qu'elle ne trouve le moyen de me retarder. Je plaque mes lèvres sur les siennes. Grand bien m'en a pris. Je reçois le baiser le plus doux et le plus tendre de toute ma vie. L'idée de rester me traverse l'esprit, mais je me reprends dans la seconde.

« Cécilia, je viens te chercher demain. Nous irons nous balader. Je pourrais t'expliquer ce que me laisser du temps implique. OK ! »

« On va où ? »

« Je ne sais pas ! Quelque part où on ne connaît personne en tout cas. »

J'ouvre la porte, elle me retient pour m'embrasser à nouveau. Je vais garder le goût de ses baisers toute la nuit.

Deauville

Nous sommes de nouveau en jeu. Les donnes suivent les donnes. Rien de bon pour moi. Si tout le monde ralentit le mouvement, la prudence va se transformer en crainte, et fausser les décisions de certains. Les miennes aussi assurément. Ne sachant plus comment envisager mes adversaires. Je ne suis pas féru de ces longueurs sans qu'aucune action ne soit entreprise. Je me connais, je joue très serré, trop certainement. Je suis sûr de pouvoir voler des pots de temps en temps, mais je peux tomber sur un os. Je suis au bouton. Les trois avant moi se couchent. Il ne reste que les blindeurs. Je ne sais pas l'expliquer, ça arrive à beaucoup de joueurs. À un moment donné ça déclenche. C'est ce qui fait la différence entre les ténors du poker, et les joueurs comme moi. Je relance avec huit et neuf de trois fois la grosse blinde qui se couche. Reste la petite, qui me colle. J'ai peut-être déconné, mais j'ai commencé une agression, et je dois continuer. Les trois cartes retournées ne m'apportent rien. Un cinq, un deux, et un dix. Si je veux espérer arracher la mise, je dois poursuivre l'attaque. Je double ma première mise, et j'attends. Celui que j'agresse ainsi me regarde longuement tout en triturant ses jetons. Il est en train par ce regard, de me dire, qu'il ne me croit pas. Il est aussi possible, qu'il soit costaud, et qu'il tente de m'attirer dans un piège. S'il me colle, danger ! S'il relance, je peux me retirer sans dévoiler mon bluff. Je perds ma mise, mais reste caché. S'il est lui-même en vrille, c'est le palpitant qui arbitrera le combat. Celui qui aura le cœur le mieux accroché emportera la partie. Il ne me lâche pas des yeux, puis les baisse pour regarder et compter un nombre de jetons équivalent au triple de ma mise. Puis les pousse sur le tapis. Je sais pertinemment que je vais baisser pavillon. Mais il faut savoir être un minimum comédien pour donner le change. Les moments où pour ne pas perdre la face, ne pas montrer que l'on s'est fait attraper, on joue un rôle plutôt que de l'admettre franchement, et passer pour un looser. Après une longue réflexion, je jette mes cartes. Le vainqueur ramasse le tapis avec un sourire narquois qui me déplaît. Si je rentre dans son jeu, il peut prendre un ascendant psychologique sur moi. Je décide d'ignorer ses sarcasmes silencieux. Il ne faut surtout pas que je fasse une fixation sur lui. Il m'a eu, il a bien joué, il appuie un peu là où ça fait mal pour me déstabiliser. Bravo, c'est de bonne guerre. Je dois rester concentré, c'est vital, si je veux arriver à mes fins. Juste une péripétie de plus. Allez je suis neuvième sur onze, c'est pas le Pérou, mais je suis toujours là. Ce serait trop con de perdre mes moyens maintenant, de terminer sur une bourde, les distributions de cartes continuent sans que je touche la moindre main digne de ce nom. Ce n'est pas le cas de tout le monde, une grosse relance de celui contre qui j'ai perdu une partie de mon tapis. Suivi par mon voisin de droite qui possède le moins de jetons à table. Le flop découvre deux huit et un roi. Le relanceur double la mise. En faisant ça, il oblige son adversaire à mettre le restant de ses jetons. Sans une hésitation, il le fait en retournant ses cartes. Un roi et un valet, il a deux paires au roi. L'autre joueur retourne un as et un huit. Brelan de huit. Un troisième roi est le seul moyen de sauver la tête du détenteur des deux paires. La turn, puis la river, ne donne rien pour lui. Un sortant de plus, je suis avant-dernier.

Avec un peu de chance, des plus agressifs vont se retrouver face à face. Avec encore plus de chance, ils s'élimineront, en me laissant la chance d'accrocher la table finale. Je sais qu'à ce stade c'est utopique de penser que ça va arriver. Mais qui sait ? La nature humaine amène souvent à des choses vraiment incompréhensibles. Alors, je vais me détendre, et attendre. Plutôt espérer que quelqu'un pète un câble. Je suis certainement le moins expérimenté des joueurs encore dans le coup. J'ai joué à tout ou presque tous les jeux d'argent. Mais le Texas holdem, je le pratique seulement depuis un peu plus d'un an. C'est la chance qui m'a traîné ici, maintenant j'en suis sûr. Mon ego m'a longtemps poussé à croire que je pourrai rivaliser avec les meilleurs joueurs du circuit. Je comprends petit à petit que le niveau est plus relevé que je ne l'imaginais. Pour atteindre le but fixé, le mental doit être en acier trempé, les nerfs solides, et une bonne forme physique et conseiller aussi. Je me sens flancher, une impression de lassitude, de trop plein. Il suffit que je ne ramasse pas le coup, pour douter de mes capacités. Il faut que j'essaie de me ressaisir, sinon je serais allé à Rome sans voir le pape. En n'allant pas au bout, j'aurais seulement acquitté une dette. L'idée folle qui m'a amené ici, ce rêve que je fais depuis quelques jours de sortir de l'ornière où je me suis enfoncé. Oui, ce rêve de changer de vie en maîtrisant un sujet que je connais à peine, risque de tourner au cauchemar. Je suis arrivé avec le couteau sous la gorge. Je suis pourtant presque arrivé à ce que je voulais. J'ai placé la barre très haut, trop haut certainement, mais il faut que je rassemble tout mon courage pour tenter ce qui me semble impossible depuis quelques minutes. Je me pose trop de questions. Je vais essayer de jouer comme si rien ne dépendait de la place à laquelle je finirai. Il suffirait d'une main bien jouée pour me relancer, en attendant deux éliminations qui me feraient accéder à la finale. Je suis mal placé quand je reçois une paire de neuf. Mais après l'abandon des deux premiers, je retrouve une place stratégique convenable. Seulement, la petite blinde, je suis. Après une bonne relance, il jette ses cartes. Enfin, quelques jetons grappillés. L'envie d'accélérer, d'affoler un peu les compteurs me titille à nouveau. Une bonne manière de remonter la pente, ou une mort rapide et la fin de mes angoisses, mais pas de mes problèmes.

L'appartement à midi

Cécilia fin prête m'attend. Cela me rappelle quand je la vois ainsi, avec son sac à la main, les petits matins, quand nous partions à la pêche avec le père de Jo. Le départ était prévu à six heures, dès cinq heures, j'étais déjà dans la cuisine, bottes aux pieds, anorak fermé, et bonnet vissé sur la tête. Prêt à en découdre avec les poissons.

Elle est belle ! Aucun besoin de maquillage, ou autre artifice pour paraître plus jolie qu'elle ne l'est. Je lui fais une bise sur la joue.

« Tu veux un coup de sac sur la tête ? » me dit-elle.

« Non, je te taquine ! » Je l'embrasse tendrement, elle est heureuse. Moi aussi.

« Où on va ? »

« Aucune idée. On va rouler, on trouvera bien un petit coin sympa. »

J'ai pour cette escapade, emprunté une nouvelle fois la voiture de Francis. Quelques minutes plus tard, nous entrons sur l'autoroute. Le temps de faire une cinquantaine de kilomètres, puis sortir pour attraper une route secondaire, et s'enfoncer dans la campagne. Nous parlons de tout et de rien. Du bar, de ce qui s'y passe. Je lui explique les incursions de certains indésirables venus tâter le terrain. Elle s'en fout royalement. Elle a tiré un trait sur tout ce qui concerne le bar. Ses paroles s'orientent plus sur elle, sur moi, sur elle et moi quoi ! Je ne veux pas éviter la conversation sur ce sujet, mais je préfère attendre de trouver un petit restaurant pour entamer la discussion sur le sujet. Il est un peu plus de treize heures trente, quand les pneus de la voiture écrasent le gravier du parking d'une petite auberge. C'est une vieille, mais jolie bâtisse en pierre couverte sur le devant d'un lierre foisonnant. Je me renseigne, ils servent encore à cette heure. Nous nous installons. Cé commande une salade, elle mange vraiment comme un piaf. Je prends, ce que le patron, un petit bonhomme rondouillard et jovial me propose. Certainement le plat du jour qu'il n'a pas réussi à passer, vu la rareté des clients. Mais c'est alléchant, une daube de sanglier accompagnée de pommes de terre vapeur. Une bonne bouteille de pif avec ça, et ce sera parfait. Cécilia ne boit pratiquement jamais. Elle accepte pourtant un verre de vin en attendant les assiettes. Déjà plus d'un mois qu'elle est enfermée chez moi, cette petite virée lui fera du bien.

« Alors ! » me dit-elle. Ne sachant par où commencer, je réfléchis un moment avant de me lancer. Elle s'impatiente.

« Allez Nico ! Que voulais-tu me dire, de si important ? »

« La peur que m'inspire l'amour que tu veux me donner, c'est comme je te l'ai dit, la peur de ne pas pouvoir te le rendre. Il ne tient qu'à moi de devenir moins con, et apprendre avec toi que je peux changer. Ta sincérité m'a fait chavirer. »

Elle me regarde en souriant, son verre de vin calé entre ses mains. Elle semble vraiment heureuse.

« Je vais tout faire, pour essayer de te mériter… Je n'ai jamais parlé comme ça à une femme, je n'ai d'ailleurs jamais parlé comme ça de toute ma vie. Je m'en croyais incapable, il y a encore quelques minutes. Tu dois avoir plus d'influence sur moi que ce que je pensais. »

Elle serre le poing à la manière d'un sportif sortant vainqueur d'une compétition, en rigolant franchement cette fois-ci. J'aimerais rester sérieux, mais son rire emporte toutes mes résistances. Je ris avec elle. Nous avons le temps, de plus cet intermède vient à propos, car le restaurateur arrive avec nos assiettes. Elle lui décoche un sourire magnifique. Après le drame qu'elle a vécu, elle veut que tout le monde sache qu'elle est amoureuse, et heureuse. Elle transmet son bonheur à tout le monde.

« C'est tout ? »

« Comment... C'est tout ? »

« Eh bien… C'est tout ce que tu avais à me dire ? »

« Non… bien sûr que non ! »

J'avais préparé mon discours. Les rires, et le reste, avaient chamboulé mes plans. J'étais parti pour tout expliquer en une seule fois, me revoilà bloqué. J'allais devoir sans détours ni faux-fuyants, expliquer le plus désagréable maintenant.

« Tu sais bien qui je suis ! Un joueur. J'ai toujours été incapable de prendre en main, d'avoir une vie rangée. Je n'ai jamais su ce que voulait dire toucher un salaire. Ce genre de vie amène souvent, déboire et désagrément, ainsi que de nombreux problèmes. »

Le sourire radieux qu'elle affichait, il y a seulement vingt secondes, s'estompait au fur et à mesure de mon explication. Son visage s'assombrit lentement. Je m'en voulais terriblement de gâcher sa joie, et son bonheur naissant. Il fallait tout de même que je termine. Que je crève l'abcès.

« J'ai des problèmes en ce moment. Tout ça devrait rentrer dans l'ordre rapidement. Mais… »

Lui expliquer que c'étaient une grosse somme d'argent due aux deux affreux. N'allait pas être chose aisée.

« Je dois pas mal d'argent, comme je te l'ai dit il y a un instant. Tout devrait être aplani dans peu de temps avec de la chance… » Elle me coupe sèchement.

« Ne me dis pas que c'est à ces deux malfrats, que tu dois ce pognon. »

« Hélas oui ! »

« Comment vas-tu faire ? Tout le monde sait que ceux qui ne rembourse pas, finissent mal. »

« Ne t'inquiète pas, ils m'ont trouvé une solution. Mais… Ce n'est pas des plus légal. »

Elle s'emporte maintenant.

« Moi je l'ai la solution ! Combien tu leur dois ? » Ce qu'elle va proposer pour résoudre mes problèmes, j'en ai une idée précise. Je ne réponds pas. Essayant de ne pas lever le ton, mais assez énergiquement, elle répète avec les dents serrées.

« Combien tu leur dois ? »

Je me penche un peu sur la table, pour m'approcher d'elle, et pouvoir parler plus bas.

« Je sais ce que tu as en tête ! N'y pense même pas ! Je te l'ai déjà dit. Ton fric, c'est ton fric. Je réglerai ça par mes propres moyens. »

Elle avait envie de crier, de me sauter dessus pour me faire entendre raison. Si je le pouvais, je me giflerais à pleine volée. J'étais furieux contre moi-même, furieux de pourrir cet instant, qui avait si bien commencé. De faire basculer Cé dans la tristesse, et le désarroi. Il faut que je rattrape le coup rapidement.

« Cécilia ! Tu ne veux pas que nous laissions toute cette merde de côté ? Que nous profitions de l'instant. Que nous profitions l'un de l'autre. Tu sais ce que nous allons faire ? Nous ne rentrons pas ce soir, nous allons nous balader, trouver un petit hôtel, et envoyer le bar et le reste se faire foutre. »

Elle sourit légèrement. Plus comme avant cette discussion. J'avais balayé en quelques mots son bonheur. Notre relation commençait bien.

« Tu comprends mieux mes scrupules envers toi ? Je ne veux pas t'entraîner avec moi dans cette merde. » Elle se redresse vivement.

« Où que tu ailles Nico ! Où que tu ailles, je viens avec toi. C'est fini, tu ne peux plus te débarrasser de moi. Fais ce que tu as à faire, en ne prenant aucun risque. »

Je lui explique après cet échange que le risque que je prends n'est qu'au niveau bancaire. Je ne lui mens sur rien. Elle m'écoute attentivement. Je la sens rassurée, elle se détend au fil des mots. Son attitude n'était plus aussi joyeuse qu'avant le repas, avant la fin de la journée, j'espère lui faire retrouver le visage radieux qu'elle m'avait montré dès notre départ. Elle me dit en chuchotant.

« Tu crois qu'ils ont des chambres ici ? »

« L'endroit te plaît ? Tu veux que je demande ? »

« Oui ! En plus en arrivant, j'ai vu qu'il y avait une petite rivière derrière l'auberge. On pourrait aller se promener là-bas. Ce soir, nous pourrions manger sur place, et ne plus toucher la voiture. »

Je me lève, pour aller au renseignement. En cette saison, ce n'est pas habituel pour le patron de louer, mais si nous prenons le temps, il nous en préparera une volontiers. Elle aura le temps d'être réchauffée avant la soirée.

Je rejoins Cé, pour lui dire que son idée était bonne, et que nous restons là. Elle est moins contrariée. Peut-être la pensée que nous allons passer notre première nuit ensemble lui fait oublier le reste. Après le café, nous restons un long moment à discuter de tout et rien, en prenant bien soin de laisser de côté les sujets qui fâchent. Après avoir récupéré la clef de notre chambre, nous partons à pied pour une longue promenade. Je ne suis pas un habitué de ce genre d'escapade. En temps normal, au bout d'un petit quart d'heure, je me lasse, et fais demi-tour. Cette fois-ci, je prends plaisir à marcher le long de ce cours d'eau. J'y découvre plein de choses, que je n'aurais jamais remarqué sans celle qui est accrochée à mon bras. Je me surprends à emplir mes poumons de l'air frais et humide qui flotte autour de nous. Ce sentiment de liberté, je crois ne l'avoir jamais vécu. Je m'en souviendrais sinon. Ma vie va changer, c'est certain. J'en ai réellement envie. J'espère seulement qu'une fausse note ne va pas venir gâcher cette merveilleuse musique que nous sommes en train de composer tous les deux. Avec mon cerveau de malade, s'il y a un couac, il ne pourra venir que de moi. Au gré de notre promenade, nous passons devant une guinguette, plutôt un cabanon en bois, blotti contre de vieux chênes qui cernent une petite clairière. Trois tables, qui n'ont pas reçu de couche de vernis depuis des années, sont posées sur un alignement de planches qui fait office de terrasse. Les chaises en plastique qui les accompagnent ont dû bénéficier du même entretien. Une image anachronique dans cette époque où la technologie a pris le pas sur tout le reste. Il semble n'y avoir personne, pourtant d'où nous sommes, j'entends des voix traverser les planches de la cabane. Cécilia m'attire à elle, et m'embrasse avec la même tendresse que celle de notre premier baiser. Puis me murmure à l'oreille. « Je suis heureuse. Ne fais pas l'imbécile, laisse-moi t'aider et partons loin de cette ville. »

« Nous en reparlerons plus tard. Profitons de l'instant sans nous soucier du reste. »

Elle ne dit plus rien. Dans ce silence nous restons enlacés. J'entends maintenant distinctement les voix que je pensais sorties de mon imagination. Nous nous avançons jusqu'à la porte. Il y a bien du monde à l'intérieur. À travers les carreaux polis par le temps, je distingue au moins trois personnes. Je tape avant d'ouvrir. Une voix de femme m'indique que c'est ouvert. Il n'y a ni panneau ni pancarte pour avertir de la fonction de ce petit établissement de moins de cinq mètres de côté. Si ce n'est une vieille pub Orangina clouée au bas de la porte. J'entre.

« Excusez-moi ! C'est un bar ? » La femme, derrière un petit comptoir, est de même facture que le mobilier, mais très souriante et avenante.

« Plus ou moins. Je reste ouvert hors saison, car tous les pêcheurs sont des amis. En plus j'ai pas mieux à faire à la maison. » Je ne lui avais posé qu'une simple question, elle était en train de me raconter sa solitude.

« Bien des jours je ne vois pas grand monde. Seulement ces deux orphelins », me dit-elle en désignant d'un geste deux messieurs qui vu leur âge ont dû avoir la tristesse de perdre leurs parents avant-guerre. Ils rient d'ailleurs de bon cœur à la plaisanterie de ce petit bout de femme usé physiquement, mais à l'esprit vif et espiègle.

« Nous pouvons prendre quelque chose en terrasse ? »

« Bien sûr, mais à cette époque de l'année, je ne peux pas vous proposer grand-chose. » Elle me fait l'inventaire de ce que sa cave pouvait offrir. Trois sodas, dont un Américain que tous connaissent. Deux sortes de bières en bouteille, plus du vin rouge et du blanc. Pas de rosé parce que comme elle me le signale, personne n'en boit chez ses habitués du moment. Cécilia me surprend en commandant un verre de blanc bien frais. Je fais comme elle. Nous allons nous installer sur ce semblant de terrasse. La patronne nous apporte un instant après, une bouteille de vin bien frais, et deux verres.

« Je vous laisse la bouteille. Comme ça si vous en avez envie d'autre, ça m'évite le déplacement. Ramenez-moi le tout en venant payer les amoureux. » C'est vraiment un personnage cette femme. Cécilia est aux anges d'entendre les amoureux. Elle est en train de retrouver la joie et le bonheur qui l'habitaient en début d'après-midi.

« Tu veux vraiment du vin ? »

« Oui ! Oui ! Ouiii ! Je veux être saoule, je veux m'enivrer de vin, de vie, de toi ! »

Je l'aime, c'est certain maintenant. Je m'imprègne de ce qu'elle dit, de tout ce qu'elle fait. Je dois ressembler au ravi de la crèche. Je nous sers, sans trop remplir nos verres. Je connais l'effet de ce breuvage sur quelqu'un qui ne boit jamais. Nous restons là, les yeux dans les yeux, en sirotant notre vin. Au bout d'une vingtaine de minutes, elle frissonne.

« Tu as froid ? »

« Un peu. »

« Tu préfères qu'on rentre ? » Elle hoche la tête en signe d'acquiescement. Je rapporte l'attirail à l'intérieur, règle nos boissons en offrant un verre aux deux orphelins, et à la patronne. Leurs remerciements sont spontanés et joyeux. Nous repartons en direction de l'auberge. L'après-midi tire à sa fin.

Le petit vent frais qui souffle, me hérisse le poil. Nous avons à l'aller, sans nous en apercevoir, fait un long chemin. Le retour nous semble long, mais après une heure de marche, nous arrivons à l'auberge. Nous grimpons à l'étage pour prendre possession de notre chambre. Elle est meublée à l'ancienne, mais avec bon goût. Des meubles rustiques se mariant bien avec l'ensemble de la bâtisse. Un énorme édredon recouvre le grand lit qui trône au milieu de la pièce. Il sera très certainement de trop, car le taulier a poussé le chauffage à fond. La salle de bain ne déroge pas à l'ambiance. Une baignoire sur pied en fonte émaillée, dotée d'une robinetterie d'époque. Le lavabo encastré dans une plaque de marbre vieillie par le temps, lui aussi a son âge. C'est très ancien, mais parfaitement propre, et fonctionnel. Nous avons bien fait de rester ici. Pendant que je fais mon petit tour d'inspection, Cécilia s'est glissée sous l'édredon pour se réchauffer. Elle me tend la main. Je m'approche et pose la mienne dans sa paume. Dès qu'elle la tient, elle m'attire doucement à elle. Je ne résiste pas, m'assieds sur le bord du lit. Elle soulève la grosse couverture de plume, pour que je prenne place à ses côtés. J'ai le cœur qui bat la chamade, l'impression de revivre ma première fois. Je n'ai pas peur de ne pas être à la hauteur. Non, je sais seulement que je vais m'engager à sceller ma vie à la sienne en lui faisant l'amour. Je l'embrasse en lui caressant les cheveux. Nos gestes sont précis, j'ai l'impression que nos corps se connaissent, que c'est seulement à nos cœurs de se découvrir. L'intensité des vibrations, et de l'osmose qui unit nos chairs, je ne l'avais jamais connue. Je n'avais donc jamais aimé avant elle. Cette découverte à quarante-quatre ans me bouleverse. Je crois qu'elle aussi est dans le même état. Cela fait plus d'une heure que nos corps ne font qu'un, ils veulent pourtant rester unis encore et encore. Il faut tout de même admettre qu'à un moment le physique demande un répit. Donc je m'allonge sur le dos épuisé. Cécilia se couche quasiment sur moi. Sa main dans la mienne, elle pleure, et me dit.

« Je savais que tu m'aimais… Je le savais ! » Ces larmes, ce sont celles d'une femme heureuse de s'être donnée à l'homme qu'elle espérait. Nous récupérons sans dire un mot. Notre respiration se fait plus lente, plus régulière. Au bout d'une dizaine de minutes, elle saute du lit, court jusqu'à la salle de bain en criant.

« J'ai faim ! J'ai faim ! » J'entends couler l'eau, elle se douche seulement, c'est une bonne idée. À cette heure, si elle avait pris un bain, il nous aurait été difficile de manger. Quelques minutes après, elle réapparaît juste une serviette sur les épaules. Elle enfile, son pantalon, et son pull à même la peau. Les chaussures c'est pareil, elle ne s'embarrasse pas avec les chaussettes. Elle m'embrasse.

« Je descends pour leur dire que nous dînons de suite. »

« OK, je me douche, et j'arrive. »

Le regard rivé au lustre, j'essaie de penser à autre chose, mais c'est seulement le souvenir de ce que nous venons de vivre qui passe comme sur un écran géant au plafond de la chambre. Je dois me secouer, ou le cuisinier va nous maudire. Aussi rapidement que possible, je prends une douche à mon tour. Je me rhabille vite fait, et descends jusqu'à la salle de restaurant. Je suis rassuré, car l'aubergiste a un peu de monde ce soir. Une quinzaine déjà attablés, plus trois en train de s'installer quand je débarque dans la pièce. Ma brune est au comptoir en train de boire un jus de fruits. Ses yeux brillent de bonheur. Je suis certainement aussi heureux qu'elle, mais plus anxieux. Nous nous installons, pour passer la commande. Cécilia me surprend une fois de plus. Elle demande s'il reste de la daube, c'est le cas, donc banco pour la viande en sauce. Je prends pour ma part un filet de bœuf, et nous restons à l'eau toute la soirée. Quand nous sommes dans l'escalier pour rejoindre la piaule, je suis pris d'un doute. Et si nous ne rencontrons plus cette fusion, si cet instant magique ne connaissait pas de suite. Je monte lentement les marches, assailli par cette idée. Elle, elle est déjà arrivée en haut, me regarde.

« À quoi tu penses ? »

« À rien… Plutôt à tout. Tout ce qui nous arrive depuis quelques jours. C'est fou, non ? Ce tourbillon dans lequel nous avons été emportés. C'est fou, mais je commence à me sentir bien. »

Son large sourire démontre, s'il en était encore besoin, qu'elle aussi se sentait bien.

« Je suis plus que bien, je suis heureux. Je ne crois pas avoir été aussi heureux que ça dans ma vie. J'ai beau chercher un moment, un instant, je ne m'en rappelle d'aucun aussi intense. »

Je disais ça planté dans l'escalier sans plus avancer. Elle me regarde. Sans parler, descend les trois marches qui nous séparent, et m'embrasse. Un baiser fougueux, mais tendre à la fois. Elle a aimé ce que je venais de lui dire. Sa seule réponse étant ce baiser. Nous retournons nous coucher. Je suis rassuré bien vite, ce n'était pas l'effet de surprise qui avait enflammé nos corps et nos âmes avant le repas. C'était bien cet amour que nous nous donnions, que nous échangions, en même temps que nos souffles se mélangeaient.

Deauville

Les curieux sont plus nombreux maintenant à suivre les deux dernières tables du tournoi. Je n'ai toujours pas retrouvé ma sérénité et mon punch. Je crois bien que j'ai épuisé mes réserves. Il faut que je continue à demi comateux à suivre le jeu. La tension est à son comble. Les autres aussi ne prennent plus de risque à ce moment de la partie. Les antes, et les blindes bouffent petit à petit mes jetons. Je suis au bouton. As et dame de trèfle. Je dois me méfier de ceux qui sont dans la même situation que moi. S'ils relancent, ça ira forcément à tapis. Je peux jouer mon tournoi sur ces cartes. Elles représentent un jeu solide, mais à cet instant du tournoi, une paire de trois ou de cinq peuvent-elles aussi tenter un joueur à l'agonie. Devant moi, il y a les gros tapis. La relance vient de la droite, je n'ai que deux solutions, me coucher, ou faire tapis. Je prends mon temps, si je sors maintenant, c'est le retour à la case départ. Entre ce que je dois, et je ne compte pas la tête de nœud à qui j'ai emprunté deux mille, il me resterait une somme représentant deux mois de salaire d'un cadre moyen.

Une paille quoi ! En même temps, je risque de ne jamais revoir un jeu aussi conséquent. Ce que j'ai prévu dans ce cas ne me ravit pas. Je n'ai pas le choix, j'envoie tout au milieu. Que je fasse le cinéma ou pas, c'est du pareil au même. Mon tournoi se joue là. Il ne me reste qu'à attendre. Tout le monde se regarde, même ceux qui ne sont pas dans le coup, suivent la confrontation. Sur ma gauche les blindeurs jettent. C'est un tête à tête. Le type réfléchit, c'est bon signe. Lui aussi, s'il prend la mauvaise décision, il peut faire basculer la partie. L'affaiblir et me remettre en selle. Le temps qu'il mettra n'a aucune importance, c'est un quitte ou double pour moi. Il regarde à nouveau ses cartes, et les jette. Mon cœur s'emballe, je suis soulagé. Ce coup gagnant aurait dû me redonner un peu de vigueur, il n'en est rien, il m'a plutôt achevé. J'ai du mal à empiler correctement mes jetons, à bien les aligner. Ma fébrilité n'échappe à personne. J'ai gagné un peu de temps, seulement du temps.

J'essaie de me tenir le plus droit possible, d'avoir l'attitude de quelqu'un en pleine possession de ses moyens, mais rien n'y fait. Chaque fois que je dois regarder mes cartes, tout le monde se rend bien compte que je tremble, que mes gestes ne sont pas sûrs. Mes yeux me brûlent maintenant. Je suis obligé de m'y reprendre à plusieurs fois pour être certain de la valeur de mon jeu. Je veux aller au bout, et dans le même temps j'aimerais que ça s'arrête. Paradoxe qui me fait comprendre au bout de tant d'années, que le flambe est une connerie. Je suis en train de mettre en péril tout ce que la vie m'a apporté de bien ces derniers temps. Je suis borné, je ne peux pas admettre que Cécilia n'ait besoin que de moi. Je veux lui apporter autre chose. La couvrir de cadeaux, pourvoir à tous ses besoins.

Francis est le seul à savoir où je suis. Si ça ne tourne pas comme je le souhaite, je ne suis pas certain d'avoir le courage d'affronter mes mensonges et celle que j'aime. Cette fierté mal placée, comme le dise mon ami Francis et Cécilia, peut me faire pencher vers la fuite. Pour ne pas être le boulet qu'elle aurait à traîner, ou encore pire, un homme entretenu.

Début mai

Près d'un mois que mes occupations et pensées ont changé de direction. Je passe moins de temps au bar pour être le plus possible avec Cécilia. De plus René et Frisé m'ont prévenu que c'était pour bientôt. Il faut que je prépare mes relevés bancaires. Une photocopie de ma carte d'identité, et tous les papiers justifiant ma domiciliation. Ils se chargeront de faire faire un faux contrat de travail, idem pour les fiches de paies. Ils ne sont pas au courant, que le bar est en vente. Déjà deux couples se sont présentés chez le notaire, et ont visité les lieux. Une proposition franche, en attente de financement, est à l'étude. Pour l'appartement de Jo, la vente est quasiment bouclée. Cécilia n'y a plus remis les pieds. Petit à petit je me suis chargé de récupérer les objets et affaires auxquels elle tenait le plus. Le reste sera donné à qui le voudra. Les journées sont agréables en ce mois de mai, nous allons de temps en temps nous balader avec la voiture que Cé a achetée. À chaque sortie, c'est le même rituel, nous faisons un grand détour pour éviter de passer devant le bar ou la maison qu'elle habitait avec son père. Elle rayonne comme un astre depuis que nous sommes ensemble. Si le bonheur avait un visage, ce serait le sien. Je suis moi aussi sur un petit nuage. Seulement, les rendez-vous avec les deux requins vont se multiplier, et risque de ternir cette période d'allégresse que nous sommes en train de vivre. J'ai de plus cette sensation de manque, qui revient doucement à la charge. Je n'ai plus touché un jeu de cartes, un ticket de tiercé, ou mis les pieds dans un casino, depuis que ma relation avec Cé a changé. Seulement une idée loufoque me poursuit, depuis que je sais que les opérations crédit vont démarrer. J'essaie chaque jour de la chasser, mais elle revient sans cesse me vriller le cerveau. Je ne suis pas encore converti au principe de la vie simple et tranquille. Je sais que j'aime cet être plus que tout au monde, pourtant je suis en train d'élaborer des plans tordus, qui pourraient remettre en question ce nouvel équilibre. J'ai vraiment un grain, pour risquer de mettre en péril ma relation.

Nos journées sont magnifiques, nos nuits merveilleuses. Nous avons invité Magali, au restaurant avant-hier. Elle très heureuse pour nous. Elle ne feint pas ce sentiment. La soirée était super, j'ai pu constater que la jalousie de Cécilia avait complètement disparu. Elles parlaient ensemble comme de vieilles amies, sans qu'aucune allusion ou autre soupçon ne viennent gâcher l'ambiance. Les deux femmes de ma vie s'entendaient à merveille, que demander de plus. Dans la deuxième quinzaine du mois, mon histoire d'escroquerie devenait imminente. Le faussaire allait rentrer d'Espagne sous peu. Avec presque un mois de retard, tout pourrait alors démarrer. Plus nous approchions du but, plus mes pensées débiles venaient me tarabuster. Je verrai au moment venu comment m'en débarrasser. Mettre tout ça de côté, et jouir de ce que m'offrait la vie. La vraie vie, pas celle qui m'a fait rêver à des chimères inaccessibles.

J'ai toujours quand je discute avec René, ou Frisé, la crainte que l'un d'eux ne me pose des questions sur le bar et son devenir. Trop préoccupés par l'affaire qui est en cours, ils doivent avoir mis de côté cette option-là. Car, j'apprends que pas mal de candidats sont déjà en attente pour participer à cette aventure, si ma tentative réussie. Certains se sont proposés, pour acheter des voitures avec ce système, ils pourront les revendre illico, puisque le certificat de non-gage n'est plus nécessaire pour la vente entre particuliers. Ils partageront bien sûr avec les deux « bienfaiteurs » le bénéfice de la vente. J'avais hâte que tout cela se concrétise. Enfin, en finir, et ne plus échafauder de plan biscornu et risqué.

Ce soir je descends au bar, Francis a un rencard. Avec tout ce qu'il a déjà fait pour moi, il m'est impossible de ne pas le remplacer. J'attends dix-huit heures à la maison. Cécilia revient de chez le notaire.

Elle a toujours ce visage radieux qui ne l'a pas quitté depuis notre première nuit. Elle m'embrasse en arrivant.

« Alors qu'est-ce qu'il a dit ? »

« Laisse-moi me déshabiller et je te raconte. » Elle part dans la chambre se changer, revient avec son jeans troué sur les fesses, et un tee-shirt.

« Ouf ! Je me sens mieux. L'appartement est vendu. On signe fin juin. Pour le bar c'est pratiquement fait. Dès qu'ils auront l'accord de financement. » Une vraie petite femme d'affaires, ma chérie.

« Ce soir je remplace Francis. Il a un rendez-vous. »

« Ce serait bien qu'il se case lui aussi. Sinon il va se sentir seul maintenant. »

« Tu sais, Francis est un garçon à part, il se fait des relations très vite. »

« Oui, mais il y a relation, et relation. Au bistrot, que tu le veuilles ou non, il s'enterre. »

Elle disait vrai tout est superficiel avec les connaissances de comptoir. J'étais, il n'y a pas si longtemps que ça au même niveau. Avec les yeux pleins de merde, m'empêchant de voir la réalité en face.

« Heureusement que tu as trouvé la bonne pelle pour me déterrer. Hein ma chérie ! » Ce que je lui dis l'amuse.

« À toi, il fallait t'en rouler une, pas creuser avec. » En disant ça, elle me saute dessus, me fait basculer sur le canapé, et m'embrasse comme au premier jour. Je ressens exactement les mêmes sensations. Un frisson me parcourt l'échine, et mon cœur s'embrase.

« Tu n'as pas le temps pour un câlin ? Un petit câlin mon amour. » Si j'hésite, je suis foutu. Du tac au tac je réponds.

« Je ne peux… Nous ne pouvons pas lui faire ça ! Plus d'un mois qu'il gère la boutique quasiment seul. Il faut que je sois à l'heure. » Elle se relève d'un bon.

« Tu as raison ! C'est vraiment un bon mec. » Elle sait ce qu'elle lui doit. Moi aussi. J'abuse déjà de sa gentillesse. Il est content de nous rendre service, mais ce n'est pas une raison d'exagérer. Elle ajoute.

« D'ailleurs je lui ai commandé un beau cadeau. Quand ils l'auront reçu, tu le lui donneras. »

Je sais ce que c'est. J'ai vu le catalogue d'une bijouterie, avec sur la page centrale une montre cerclée d'encre de stylo-bille. J'ai cru que c'était pour moi. Je suis heureux qu'elle ait pensé à mon ami. En plus je ne porte jamais de montre. Ça aurait été de l'argent jeté en l'air. Sur ce, j'enfile un blouson et je file au bar.

Quand j'arrive, les tables sont vides de tout client. Au comptoir une douzaine de clients boivent un verre. Deux types discutent avec Francis. Je les reconnais de suite. Brahim et Farid. Ils ont dû sortir de zonzon il n'y a pas longtemps. Je m'avance pour leur faire la bise. Je suis content de les revoir. Ce sont des têtes brûlées qui entrent et sortent de prison depuis leur adolescence. Je suis étonné de ne les voir que tous les deux. Le troisième de l'équipe de fondus n'est pas là. Après les avoir embrassés, je leur pose donc la question.

« Et Eric… Il n'est pas avec vous ? » C'est Farid qui répond. Son prénom ne colle pas à son image. Il a les cheveux clairs, ainsi que la peau. Et les yeux bleus. Moitié français, moitié kabyle, le type européen était immanquable.

« Tu le connais ! Dedans pour lui, c'est comme dehors. Bagarre sur bagarre. Cachot sur cachot, il sort dans trois mois s'il lui tombe pas une affaire à l'intérieur. On sait jamais, entre le shit, ou un mec vraiment amoché qui porte plainte. »

Comme je disais, c'est un plaisir de les voir. Ce sont de braves types. Un peu cramé du cigare, mais toujours prêt à rendre service. Ils ont juste trente ans, mais ont déjà passé presque dix ans en cabane. Brahim, lui c'est le taciturne de l'équipe, il écoute plus qu'il ne parle. Son visage est dur et fermé. Très mat de peau, fort comme un buffle. Son regard noir ajoute au tableau du mec qui fait peur. Ce n'est pas un méchant. La teigne de la bande est restée à l'ombre encore pour quelques mois. À cause de cette violence qui l'habite. J'espère pour lui qu'il ne finira pas mal, car c'est tout de même un garçon serviable et généreux. Francis nous laisse. Son rencard l'attend à huit heures et il doit se changer. Je me sers un verre et sers les deux acolytes. Farid met la main à la poche pour régler. Je lui prends le bras.

« Laisse tomber ! Vous payez rien aujourd'hui. On verra la prochaine fois. »

Dans les bars de quartiers fréquentés par une certaine catégorie de client, c'est la tradition d'accueillir comme cela les gars qui sortent du trou. Pas tous bien entendu. Les crapules, et les balances ne bénéficient pas des mêmes largesses. Ils évitent d'ailleurs, pour la plupart, de repointer leurs museaux dans le secteur. Il n'insiste pas, sachant que je fais ça avec plaisir. Je me permets d'ailleurs de le faire, car Jo aurait agi de la même façon. Il me parle justement de lui.

« On a été dégoûté quand on a su pour Jo. » Au moment où il finit sa phrase, Mathieu entre dans le bar, et se dirige vers sa place habituelle. Je l'appelle.

« Mathieu ! Viens boire un verre avec nous. » Il s'avance en souriant. Ils se connaissent tous les trois. Ils se serrent la main en se tapant dans le dos. J'ai en face de moi, plus de quarante ans de prison, et ce ne sont que de braves types. La discussion ne va certainement pas tourner autour du prix Goncourt, ou du dernier concert de Stéphane Grappelli, encore moins sur les déclarations d'impôts.

Nous éclusons quelques godets en parlant de notre ami Jo, et d'autres disparus qui l'ont tous été prématurément. Les souvenirs se mêlent. Ces histoires, je les connais toutes, elles embellissent au gré des années, les sommes gagnées décuplent, les dangers qu'elles ont occasionnés aussi, mais elles amènent toujours autant de fou rire, ou de grandes claques dans le dos. Je dois m'occuper en même temps des clients qui passent commande. Au fil des heures, le bar se vide. Nous ne sommes plus que quatre à vingt et une heures. Je ferme la porte à clef, pour que nous puissions continuer tranquillement à tchatcher.

Deux heures plus tard, nous avons du vent dans les voiles. Les paroles se font moins distinctes et les gestes beaucoup plus désordonnés. Nous en renversons autant que ce que nous en ingurgitons. Il est temps pour tous de lever le camp. Brahim et Farid, invitent Mathieu à les suivre pour le reste de la virée qu'ils envisagent. Il décline l'invitation.

« Oh les gars ! J'ai soixante-trois ans. Je tiens plus la cadence. » Ils n'insistent pas. Tout le monde s'embrasse, et se donne rendez-vous à la prochaine fois. Personne ne fixe de date, puisque les aléas de la vie, et les plannings peuvent évoluer à tout moment. Surtout pour les deux compères qui ne savent jamais de quoi demain sera fait. Nous avons passé une belle soirée. Après avoir rangé et nettoyé le bar, je prends donc le chemin de la maison. En marchant, je me remémore les paroles de Cécilia, sur le peu d'importance que l'on pouvait accorder aux relations festives, et éthyliques. Cette soirée, en compagnie de ces ex-taulards, a tout de même été agréable. Peut-être est-ce ça qui m'a manqué. Manger un peu la gamelle comme ils disent. J'aurais sûrement tiré certains enseignements, et compris que rien de bon ne peut sortir de l'oisiveté, ou du je-m'en-foutisme dont j'ai fait preuve tout au long de ma vie. Je suis un marginal à ma façon, moi aussi, et je suis le même chemin qu'eux. J'attends moi aussi le gros coup. Celui qui me permettrait de vivre sans me préoccuper de l'avenir. Chimères et utopies que tout ça. Plus souvent dans le rouge dans l'opulence. Toujours à chercher mille pour faire dix mille. Il faut vraiment être taré pour y croire encore après tout ce qui m'est arrivé. J'ai beau me cacher derrière la façade de mon tout nouvel état amoureux, je sais au fond de moi, que ce mal me ronge toujours. Le couinement de la porte d'entrée de l'immeuble me permet de sortir de ces pensées nauséabondes. Le rideau bouge, elle est là malgré l'heure. Je lève le bras pour la saluer en essayant d'avoir l'air moins saoul. Les escaliers sont un calvaire, je monte en essayant de ne pas perdre l'équilibre. J'y arrive tant bien que mal. Je rentre dans un drôle d'état, je n'en suis pas fier. Ma dulcinée ne m'a jamais vu comme ça. Peut-être la première scène de ménage se profile à l'horizon. J'ouvre la porte délicatement. Cécilia n'a besoin que de dix secondes pour s'apercevoir du niveau de mon ébriété. J'attends avec un air niais ses remontrances. Pour toute engueulade, je reçois un grand rire, et quelques mots.

« Eh bien ! Heureusement que tu ne le remplaces pas tous les soirs. » Elle rit encore en ouvrant la porte du frigo. Elle sort de quoi me préparer un casse-croûte. « Je ne vais pas faire à manger ! Il est tard. Vient grignoter quelque chose. »

Je ne m'en sens pas capable. Je file droit à la chambre pour m'allonger. Elle me suit, et m'aide à me déshabiller. Chaque fois que son visage croise le mien, le souffle de ma respiration lui envoie un vilain relan de pastis qui la fait grimacer.

« Tu pus le pastis ! Ce soir pas de bisous ! » J'ai encore la force de la taquiner, la bouche en cœur mimant un baiser. Elle me repousse avec vigueur. Je m'écroule sur le lit, et la laisse finir de me déloquer.

« Dors espèce d'ivrogne ! » me dit-elle en riant. Je ne me le fais pas dire deux fois. Je m'endors jusqu'au matin.

L'ouverture est particulièrement dure ce matin. Il y a une foule de joueurs de tam-tam qui font le bœuf dans mon crâne. Ils ont invité aussi deux ou trois trompettistes qui s'en donnent à cœur joie. La douche glacée, les aspirines n'y ont rien fait. Heureusement un petit jeune me donne un coup de main pour descendre les chaises. En fait après avoir descendu la première, je me suis posé dessus, et je le laisse finir. Quand il a terminé, je lui demande.

« Tu sais faire marcher la machine à café ? » Il me répond par l'affirmative. « Alors qu'est-ce que tu attends, fais-nous couler un kaoua. »

Tout en rigolant, il passe derrière le comptoir, et nous prépare un jus. La sensation que les cachets font effet ravit mon cerveau. Je finis ma première tasse, puis m'en envoie une autre. Des clients arrivent, je ne bronche pas. Il s'est pris au jeu, et fait le service. Je ne vais pas stopper une vocation naissante. Au bout d'un petit moment, je passe moi aussi derrière le bar, en le remerciant.

« Café offert toute la semaine jeune. » Il est content.

« Si vous avez besoin ? Je fous rien, je peux vous donner un coup de main le matin. »

J'en parlerai à Cécilia. Le bar est pratiquement vendu. Si on peut caser un gars du quartier, ce serait très bien. Les nouveaux proprios auront toujours besoin de quelqu'un qui connaît tout le monde. La matinée se passe, puis Francis arrive. Un sourire béat lui barre le visage d'une oreille à l'autre.

« Eh ben ! Oh Fran ! Tu as dû passer une méchante nuit, non ? »

« Ne m'en parle pas. Je crois que j'ai tiré le bon numéro. »

« Je la connais ? »

« Non ! Il y a juste un mois qu'elle est dans le quartier. »

« Elle est jolie. »

« Hooo ! Que non ! Elle est belle, pas jolie, belle ! Je te la présenterai dans quelques jours. »

J'arrête de le questionner. Il sera bien temps de connaître, celle pour qui il en pince. Nous turbinons tranquillement jusqu'au début de l'après-midi. Je l'abandonne, avec un petit mot.

« Si tu as besoin ? Je peux refaire le soir. »

« Non merci. Elle travaille ce soir, et demain soir. »

Je le laisse et remonte à l'appartement. Dans le hall, je croise madame Dasilva. Elle est tout sourire depuis qu'elle a compris que nous étions ensemble. Notre bonheur la rend heureuse. Chaque fois que je la croise, elle me donne du « Cha va chéchilia ? » Elle est vraiment adorable. En rentrant, je trouve ma moitié devant l'évier en train de rincer une salade verte. Je l'embrasse dans le cou, et lui dis. « Cha va chéchilia ? » Elle se retourne, surprise par ma façon de m'adresser à elle. J'explique le pourquoi du comment. Elle rit.

« C'est pas gentil de se moquer. C'est une perle cette femme. »

La laissant finir ce qu'elle faisait, je vais m'allonger. La cuite de la veille a laissé des traces. Pendant le boulot, en m'agitant, je ressentais moins les effets. Le contre coup m'assomme un peu. J'appelle Cé.

« Laisse tomber la salade. J'ai pas faim. » Quelques instants après, elle entre dans la pièce, s'allonge près de moi.

« Y a pas d'heure pour les braves. »

« Non ! C'est pas ça. J'ai juste envie d'être à côté de toi, de te respirer, te serrer dans mes bras. C'est tout. »

Disant ça, je l'enlace, et m'endors au rythme de son souffle sur ma poitrine. Cela fait maintenant trois jours que la fameuse soirée est passée. Francis a de nouveau rendez-vous avec son amie. Il doit passer dans la soirée pour me la présenter. Le client est rare ce soir. Je garde Mathieu avec moi. J'ai envoyé le jeune qui m'a donné un coup de main l'autre matin chercher des pizzas chez Zé. Nous nous les partagerons tous les trois en guise de dîner. Une bonne bière fraîche avec. Nous sommes en train de manger, quand arrivent mon ami et sa conquête. Effectivement, cette femme est superbe. Elle doit avoir à peine plus de trente ans. Une allure sportive, les cheveux courts d'un blond platine. Habillée simplement d'un jeans et d'une chemise blanche de marque. Elle dégage une impression de classe. C'est sûr, elle n'est pas du quartier. Francis est plutôt fier de nous la présenter.

« Voilà Valérie ! Lui c'est Nicolas. Mon ami, il est comme mon frère. » Elle me tend la main, je la lui serre. Même dans cette poignée de main, je sens qu'elle n'est pas de notre monde. Quelque chose de mondain. De distant, tout en restant respectueux. Son visage est souriant, dans ses yeux bleus, rien de fuyant. Tout paraît franchise et honnêteté. Elle remarque mon intérêt, et n'évite pas mon regard, même lorsque Francis la présente à Mathieu et au jeune. C'est peut-être un tort, même certainement, mais je me fie souvent à ma première impression, pour juger les gens. Là je dois dire que je peux rien trouver chez cette femme, qui puisse me donner une mauvaise image. Elle a l'air parfaite. Une femme bien, j'en suis réellement heureux pour Francis. Qui a soif.

« Sers-moi une coupe gros, s'il te plaît. » Valérie commande un jus de fruits, nous discutons de tout et de rien. Mathieu et mon collaborateur du matin se sont écartés. Je veux savoir si mon sentiment est bon. Au milieu de la conversation, je glisse.

« Vous faites quoi dans la vie Valérie ? » Quand je finis de poser la question, je vois mon ami qui détourne la tête, comme s'il voulait sortir de la discussion et laisser le soin à sa copine de répondre toute seule.

« Je suis commissaire de police. » Je m'attendais à quelque chose de pas banal, mais je reste sur le cul. Elle s'en aperçoit, et continue. « Ça ne vous pose pas de problème j'espère ? Je sais que pas mal de monde ne voit pas d'un très bon œil ma profession. »

« Aucun ! Comme dit la formule, il n'y a pas de sot métier, il n'y a que de sottes gens ! En plus, je crois que je n'ai jamais vu Francis aussi ravi et heureux. Puis je ne me permettrais pas de juger une personne par rapport à son activité. »

Elle pose un tendre baiser sur la joue de mon pote, pour toute réponse. Je le sens détendu, et rassuré par ma réaction. Toutefois, je me demande si elle connaît le passé de Francis. Son instinct l'a compris, elle me rassure.

« Ne vous inquiétez pas. Je sais qui il est, et ce qu'il a été. »

« Valérie, ça ne vous dérange pas si nous nous tutoyons ? »

« Pas du tout. Au contraire. Comme je te disais, je connais le passé de Francis. Mais tout ce qu'il m'a montré, et démontré depuis deux semaines que nous nous fréquentons, m'assure que c'est un homme bien. De toute façon, je suis amoureuse. C'est la première fois de ma vie, que je peux dire aussi rapidement ce mot. Alors sa franchise, n'a fait que renforcer les sentiments que j'éprouve. »

Francis n'est pas à proprement dit un voyou, ou un gangster. Il fait partie comme moi, de la faune inactive qui s'en sort comme elle peut. Lui a eu moins de chance, et a payé plusieurs fois ses écarts, de quelques mois de prison. Il nous laisse parler sans intervenir. Nous faisons plus ample connaissance, au fil des minutes je le comprends, je découvre une femme cultivée, pleine d'humour, et derrière la façade du flic une douceur certaine fait jour, et je sais maintenant pourquoi il s'est entiché d'elle. Il a raison, il a tiré le bon numéro. Presque une heure que nous parlons, ils ont réservé dans un restaurant, et ne sont pas loin d'être en retard.

« On y va Val ? » Elle répond en posant son verre, et se lève. Je lui tends la main, elle s'avance, et me fait la bise.

« On se tutoie, on se fait la bise. »

« Je n'osais pas te le proposer. »

Ils s'échappent donc tous les deux bras dessus bras dessous, en se bécotant comme des ados pris par les premiers émois de l'amour. Je sais que demain, je passerai sur le grill, et que Fran voudra connaître mon opinion sur sa dulcinée. Je suis heureux de n'avoir pas à mentir. Bien sûr je le chambrerai sur le fait qu'il sort avec un condé. Il s'y attend certainement. Le seul ennui que j'entrevois à leur relation, c'est le mode de vie qu'il continue à mener. Fait de petits trafics, et de magouilles en tout genre. Ils sont pour le moment trop dissemblables, pour que cela ait une chance de durer dans le temps. Il faut qu'il change de vie, ne pas le faire serait préjudiciable à une histoire pérenne. Il est intelligent, et a l'air réellement transformé. Espérons la concrétisation de cette métamorphose. Francis saura prendre ce virage sans déraper. Je ferme le bistrot juste après leur départ, pour rejoindre Cécilia. Je lui fais le compte rendu de ma rencontre, lui explique qui est la chérie en question. Elle rit en pensant au gouffre qui les sépare, mais n'a pas pu empêcher leur rapprochement. Elle aussi est ravie de ce qui arrive à Francis.

Au casino

Les minutes me paraissent plus longues. Je me trompais, en pensant que plus cela durerait, mieux ce serait pour moi. J'en fais la triste expérience. Pourtant, je suis habitué à jouer des journées entières. C'est certainement le poids des incertitudes, qui pèse sur mes épaules. L'idée saugrenue d'un dernier quitte ou double, alors que je ne suis plus seul dans la charrette. Il reste, devant moi, une vingtaine de blindes. Si ça ne se décante pas d'ici quatre ou cinq tours de table, je vais être obligé de faire du n'importe quoi. Je vais encore attendre la position, et j'aviserai. Il y a eu deux actions, mais rien de conséquent. Puis un échange de relance, muselé par un flop trop dangereux pour ceux engagés dans la bagarre.

Je suis en mauvaise position, mais je reçois deux rois. Cartes magnifiques. Je relance de trois fois le pot. Deux joueurs sur ma gauche se couchent. Il ne reste que les blindeurs. La petite colle, l'autre jette son jeu. Je sais que j'ai mal joué. Je devais envoyer tapis pour écarter les jeux moyens. C'est la bonne solution à ce stade de la compétition. Le croupier retourne le flop, as deux et sept. Ce putain d'as m'emmerde. J'attends que le blindeur bouge. Il fait une relance minime, il a peut-être un as mal accompagné, ou une paire moyenne. Je le suis. J'ai fait une erreur, je sens que je vais le payer cash.

C'est la turn qui découvre un huit, sans possibilité de couleur. Mon adversaire tapote doucement du plat de la main le tapis, pour signifier qu'il cheke. S'il a réellement un as, il sera dur à faire coucher. Je l'imite donc. À la river, c'est un dix qui fait son apparition. Le gars prend son temps, et cheke à nouveau. S'il n'a pas d'as, n'importe quelle mise le fera fuir, à l'inverse, je risque de sauter ou de perdre pas mal du peu qui me reste. Mes yeux fatigués sont de plus en plus douloureux. Cela me gêne pour réfléchir. En faisant le calcul, de ce qui se trouve au milieu, je ne dois pas prendre le risque de perdre le tournoi sur ce coup. Je ne relance pas. La sécurité avant tout. Il retourne ses cartes. Il a bien un as, et un petit trois qui l'empêchait de relancer. Mon tapis a pris une secousse. Je suis short stack comme ils disent. Dixième sur dix. Pour ne pas avouer être dernier. Toutes attaques que j'entreprendrai à l'avenir seront certainement suivies par les joueurs les plus riches. C'est une logique de jeu implacable. Car même si l'un d'eux perdait contre moi, je resterai quand même le moins dangereux de la table. Le contraire le rapprocherait de la table finale. Comme je le prévoyais, je suis devenu la cible. D'ailleurs dès que je suis de grosse blinde, je peux confirmer la véracité de mes pensées. Le leader m'envoie l'équivalent des deux tiers de mon tapis. Je me couche. La révolte, dans ces cas-là, ne sert à rien. Il ne faut jouer que les bons jeux. Encore faut-il en toucher. Je suis blasé. Si je dois sortir, ce ne sera pas en me suicidant. Si les cartes continuent à me fuir, je laisserai aller la barque et coulerai lentement. Avec l'espoir qu'un kamikaze ou deux me laissent gravir les marches de la table finale. Dans mon naufrage, j'ai la lucidité de comprendre que je suis le seul maître à bord de ce bateau qui fait eau de toute part. La table d'à côté va peut-être remplir en partie mes vœux. Un ALL-IN est engagé. Le moins riche de la table contre le mieux fourni. Selon ce qui va se passer, il ne restera qu'un obstacle à mon rêve.

Nous sommes tous attentifs, à ce qui va advenir à trois mètres de nous. Le gars debout est celui qui joue son tournoi sur la mène. Après un grand cri sorti de ses tripes, il se rassoit. Rien de bon pour moi. Encore qui double son tapis, et m'éloigne un peu plus du Graal.

30 mai

Nous allons enfin démarrer le projet. Les papiers sont réunis, le faussaire en renvoyant les faux documents a aussi donné la liste des sociétés de crédit qui ne sont pas reliées entre elles. Au total il y en a cinq. La façon de procéder n'est pas compliquée. C'est expliqué dans tous les magazines. Surtout ceux spécialisés dans les programmes télé. Il vous suffit d'appeler le numéro indiqué et une fois les renseignements pris, leur réponse ne tarde pas. Si vous remplissez les conditions requises, vous n'aurez plus qu'à transmettre vos papiers. Il est stipulé qu'une réponse définitive parvient sous quarante-huit heures, mais en général c'est un peu plus long. Je prépare tout ce dont j'ai besoin, cinq dossiers en multipliant les photocopies. J'envoie donc ces demandes aux organismes qui m'ont été recommandés. Nous sommes le premier juin, cela ne devrait pas excéder une semaine pour recevoir des réponses. S'il n'y a pas d'accroc, l'argent sera sur mon compte vers le dix. Petit René, et Frisé sont passés après que j'ai tout envoyé. Ils vont être absents plus de quinze jours. Nous nous reverrons une fois l'affaire bouclée. Je n'ai rien dit à Cécilia. Je ne veux pas la mettre dans la confidence dans l'immédiat. Bien qu'elle soit au courant de ce qui va se passer, je préfère attendre le résultat pour qu'elle ne s'angoisse pas inutilement pendant la période d'attente. Si je manœuvre bien, tout sera plié sans que Cé n'en sache rien.

Le bar continue de tourner. Francis est de plus en plus amoureux de son commissaire. Je le remplace les soirs où elle ne bosse pas. Nous continuons les journées comme avant. Les seuls à pâtir de cette situation sont nos deux petits vieux qui ne peuvent plus s'adonner à leur passion. La belote a pour le moment disparu de l'établissement.

Mathieu est fidèle au poste, je lui offre le café tous les matins. J'ai été obligé d'insister, pour qu'il accepte. Pour lui faire comprendre que ce n'était pas une aumône, mais seulement le plaisir de boire le jus avec quelqu'un que j'apprécie. Dans l'après-midi, nous éclusons une ou deux bières, sans que son amour-propre en soit terni. Le jeune est là aussi. J'ai parlé de lui à Cécilia. Elle n'a pas réfléchi, et a dit oui à ma proposition. La promesse de vente sera signée dans quelques jours. Le changement de propriétaire arrivera donc sous peu. Le vieil appartement de la rue Saint-André était pour sa part déjà vendu.

Je me sentais de plus en plus mal, au fur et à mesure que le compte en banque de Cé gonflé. J'ai cette mauvaise impression de devenir le caillou dans sa chaussure. Elle est belle, jeune et riche. Je ne suis pas un lapin de trois semaines, et n'est rien à offrir sinon de l'amour. Les idées biscornues qui trottaient parfois dans ma tête sont maintenant permanentes.

Je n'aurais jamais cru que la vie allait un jour m'apporter l'amour. Un amour aussi fort. Cécilia jour après jour démontre la force de sa passion. Je devrais être le plus heureux des hommes, pourtant je suis mal à l'aise. Je me sens tout petit. Indigne de ce que l'on me donne. Mes côtés machos à la con qui me poussent chaque jour un peu plus vers la pente des conneries. J'ai beau essayer de refouler, ces pensées, elles reviennent plus pressantes le lendemain. Cécilia doit ressentir mon mal être. Sans me presser de questions, de temps en temps, elle prend des chemins détournés pour essayer de me tirer les vers du nez. Le problème pour moi reste le même, est-ce que je la mérite ? J'ai toujours cette peur de ne pas être à la hauteur. La hantise de rester le lâche que j'ai été tout au long de ma vie. Repoussant et détruisant toute forme d'amour, et surtout la moindre idée de couple. Elle a raison, quand elle me dit que je déteins sur Magali. J'ai calqué ma vie sur celle de la seule femme avec qui j'aurais pu concevoir de vivre. Celle qui sans réellement me rejeter me fit comprendre qu'elle ne pouvait pas être exclusive en amour. Tout ça avant la découverte des sentiments qu'éprouvait la jeune femme avec qui je suis en train de vivre cette histoire. Je me suis entêté à lui ressembler, mais l'on est, ce que l'on est. Cette obstination m'a peut-être permis d'arriver jusqu'à ma chérie du moment. Mektoub comme disent les arabes. Oui c'était écrit. Je suis tout de même perturbé, et n'arrive pas à me dégager de ces prises de tête.

Les journées s'écoulent paisiblement. Avec la venue des beaux jours, le monde semble plus enjoué et détendu. A contrario, je ne suis que l'ombre de moi-même. Tous les matins, j'enfile mon costume de scène pour jouer la comédie. Mes sourires sont forcés, ma bonhomie une façade. Ce soir nous devons fermer tôt. Avec Cé, nous avons invité à dîner Francis et Valérie. Son rôle de maîtresse de maison ravit ma moitié. Elle est heureuse de recevoir, de préparer, et de tout mettre en œuvre pour la réception d'amis à la maison. Elle cuisine très bien. Sa grand-mère lui a inculqué des bases solides de la cuisine italienne. Je dois dire que ce devait être une élève douée, je me régale à chaque plat qu'elle concocte.

J'ai averti les traînards que ce soir il n'y aura pas de prolongation. Le bar sera fermé à vingt et une heures trente. Je ferme donc à l'heure précise. Le jeune est encore là. Je lui laisse les clefs pour qu'il puisse venir plus tôt le matin, pour mettre en place. Quand je lui tends le trousseau, je lis dans son regard une fierté évidente. Il a les clefs du bar ! On lui fait confiance ! Pour lui c'est tout nouveau. Jamais personne ne l'avait considéré en être digne. Depuis des mois que je le vois au troquet, à nul moment je n'ai perçu de faille. Les autres gamins de son âge sont pour la plupart des imbéciles. Ils n'ont jamais bougé leurs culs du quartier, mais parlent de conquérir le monde. Une bonne réserve de soldats décérébrés pour les deux caïds. Ils pourront piocher, quand ils auront besoin de fusibles, et autres pions à manipuler. Sa réaction à mon idée est ce que je pensais de lui. C'est un bon gars, à qui il faut donner une chance. Dans toutes ses attitudes, il démontre qu'il est capable de la saisir.

Même à cette heure-ci, je serais le dernier arrivé. Quand j'ouvre la porte, je les trouve tous les trois installés au salon. Le champagne est ouvert, les coupes sont pleines. L'odeur du repas préparé par Cécilia a envahi la pièce. Ils se lèvent pour m'accueillir. Je fais la bise à Valérie, j'embrasse ma chérie. Francis, j'ai passé la journée avec lui, une bonne tape dans le dos suffit. Je me joins à eux en me servant une coupe. Les quatre verres s'entrechoquent, avec le tintement que seul le cristal peut créer. Cécilia part dans la chambre. Je sais ce qu'elle va chercher, elle est impatiente de donner son cadeau à Francis. Elle revient, lui tend un petit paquet. Elle s'adresse à Valérie.

« Ne vous formalisez pas. C'est juste un cadeau que j'ai depuis longtemps envie de lui faire, pour le remercier de tout ce qu'il a fait ces derniers mois. »

Mon ami est dans ses petits souliers. Nous sentons sa gêne. Il l'exprime.

« Il ne fallait pas Cé. Tu me donnes un bon salaire déjà. »

« Prends ça ! Le salaire, c'est le salaire ! Ce que tu as fait, tu l'as fait sans rien demander. Je suis plus que sûr que tu l'aurais fait pour rien. Alors prend ça, c'est moi qui te remercie. »

Il rougit presque en acceptant le paquet. Valérie le regarde avec les yeux de l'amour. La réaction de celui avec qui elle partage sa vie maintenant et empreinte de délicatesse, de retenue. Il a encore marqué des points sans le vouloir. Maladroitement, il essaye d'ouvrir son cadeau. Il y arrive enfin. Je ne l'avais pas vu, mais c'est bien ce à quoi je pensais. Un boîtier recouvert de cuir bordeaux qui renferme une montre de marque. Francis reste sans voix. Il est amateur de montre, et connais bien ce modèle et sa valeur. Nous ne sommes pas loin des cinq chiffres, sans les atteindre.

« C'est trop ! Cécilia c'est trop ! Tu as exagéré, c'est beaucoup trop. » Il la tourne, retourne dans tous les sens. Valérie l'aide à la mettre. Un vrai gosse, il n'arrive pas à détacher ses yeux du cadran qui brille à son poignet. Il me fait la bise, comme si j'y étais pour quelque chose.

« C'est pas moi qu'il faut embrasser ! » Encore plus gêné.

« Ah oui ! Pardon Cécilia. » Il lui fait la bise, et dans l'élan embrasse Valérie ce qui déclenche son hilarité. La suite de la soirée se déroule très bien. Nous parlons de l'avenir. Enfin ils en parlent, je ne m'étale pas trop. J'écoute plutôt que de participer. Toujours cette incertitude qui ma taraude. La compagne de Francis est en tout point agréable. Pleine d'humour, d'une grande culture, nous pouvons aborder tous les sujets possibles. Pas bégueule pour un sou. Nous parlons sans défiance ni méfiance des conneries que nous avons pu faire dans notre jeunesse. Nous évitons les histoires ou Jo était avec nous. Elle sait ce qui est arrivé au père de Cécilia. Elle connaît notre parcours, mais elle a laissé sa carte et son flingue au vestiaire. Nous sommes entre amis. Elle a la mentalité qu'avaient ces vieux flics, qui engageaient une trêve le temps d'écluser un verre avec un marlou qu'ils aimaient bien. Il est bien sûr qu'elle reste un flic, c'est pour ça, qu'elle n'en est que plus respectable. Elle sait qu'autour de la table personne ne cherchera à tirer avantage de sa situation. Les discussions vont bon train. Les fous rires, entrecoupés de moments plus sérieux, nous amènent jusque tard. Il est une heure passée quand ils nous quittent. Quand nous sommes seuls. Cécilia vient se blottir contre moi. Elle sent que quelque chose ne va pas. Ne sachant pas trop quoi, elle pose la question.

« Qu'est-ce qu'il y a ? Tu avais un drôle d'air ce soir. »

« Rien, rien… Je suis crevé. » Elle n'insiste pas, se lève, commence à ranger. Je la rejoins, la prends dans mes bras. J'ai besoin de son odeur, de son souffle, de son cœur qui s'emballe. De sentir son corps monter en température quand nous ne formons qu'un. Ce sont les seuls moments qui me font oublier tout le reste. De ne penser qu'à nous à notre amour. Encore une fois, la nuit fut formidable. Le matin pendant que je prends une douche, j'ai toujours l'impression de m'enfuir, de ne pas assumer ma nouvelle condition. De n'être que l'amant qui part au petit matin, pour revenir le soir comme un voleur. Un voleur d'amour. Oui j'ai sans cesse cette sensation de lui voler quelque chose. Des millions de mecs payeraient pour être à ma place, moi je me sens mal, et pas à la mienne. Le temps de m'habiller, et je descends au bar. La porte est fermée. Le jeune n'a pas osé ouvrir tout seul. Je tape pour qu'il m'ouvre.

« Tu pouvais ouvrir, tu sais ! »

« Je ne savais pas trop, j'ai préféré attendre. »

« Tu n'es pas la femme de ménage. Si je te donne les clefs, c'est que je te crois capable de tenir la boutique sans moi. OK ? »

Croyant que je l'engueule, il baisse la tête. « C'est ma faute, désolé. J'aurais dû te le dire. Te prends pas le chou. Fais-nous le café. »

En fait je suis plutôt content qu'il n'ait pas pris d'initiative. Cela me prouve qu'il ne se croit pas en terrain conquis, et qu'il est respectueux. C'est vraiment un bon petit gars. Tout au long de la matinée, il se démène comme un beau diable. Il veut tout faire. Je le calme gentiment.

« Tu fais le fou, mais nous n'avons même pas parlé salaire. » En lui disant ça, je m'aperçois de son étonnement. Il ne faisait ça que pour rendre service, passer le temps. Il bredouille.

« Mais… Je… Mais… »

« Tu penses réellement que je vais te faire bosser pour des cafés et quelques boissons ? Si tu tombes sur un enculé, tu travaillerais pour rien ? Il va falloir que tu réfléchisses un peu plus à l'avenir. L'autre jour, j'avais besoin d'un coup de main, tu me l'as donné. OK ! Mais depuis c'est du boulot que tu fournis. Donc, ça mérite salaire. » Il m'écoute ne sachant quoi répondre, alors il hoche la tête pour me signifier qu'il a compris. Comme je n'en suis pas certain.

« Je vais déjà te filer cent euros, pour les heures où tu as participé. Ensuite, je te donnerai cinquante par jour. C'est bon ? »

Il reste bouche ouverte, figé comme une statue de sel. Pour qu'il assimile, je sors un billet de cent, et le lui mets dans la main. Il reste en mode gobe-mouche. « Oh petit ! Oh ! Tu te réveilles ? »

En lui disant ça, je lui assène une bonne tape sur l'épaule, qui remet la machine en marche. Il bredouille à nouveau un merci et repart derrière le comptoir pour servir les clients qui sont arrivés. En tout cas, je suis persuadé que c'est une bonne recrue. Dans la journée, je suis obligé de le mettre dehors pour qu'il prenne une pause. Francis me confirme que j'ai eu raison de le prendre avec nous. Cécilia s'occupera de lui faire faire un contrat par le comptable. Les jours suivants, je profite de la présence du gamin pour monter récupérer le courrier avant Cé. Les réponses ne devraient pas tarder à arriver.

Cette semaine, j'ai vu quelqu'un de très étonné. Le banquier ! Depuis quatre ans qu'il dirige l'agence du quartier, il ne m'a jamais vu chez lui. Je suis allé faire une demande de carte bleue, et chéquier. C'est une première dans ma vie. Si tout va bien, j'en aurais besoin. En faisant cette démarche, j'ai eu la surprise de découvrir que mon compte était approvisionné de presque six cents euros. Tant mieux, si je l'avais su avant, je les aurais bouffés.

Le sept juin, j'ai deux réponses positives. Les organismes qui m'ont répondu favorablement ont versé chacun dix mille euros sur mon compte. Encore trois, et ça fera cinquante. Je respire enfin. Tout va aller mieux à partir de maintenant. Ça fourmille dans tout mon corps. Je compte, recompte dans ma tête. Je dois seize-mille aux affreux, j'ai déjà un avoir de quatre-mille. Bien sûr les sociétés de prêt ne me feront pas de cadeau. Je dois laisser porter l'argent un moment pour que les premiers remboursements soient effectués. Une espèce de système de cavalerie. Après un licenciement fictif, il n'y a plus qu'à laisser courir. Je fais une demande au guichet pour un gros retrait. Deux jours sont nécessaires. En le faisant, je sais que je fais une connerie. Mais on ne se refait pas.

Le jour de l'encaissement, j'ai demandé à Francis de travailler seul avec le jeune. Je lui ai donné une excuse bidon, la même à Cécilia. Je crois avoir besoin de cette journée, pour changer l'ordre des choses.

Au casino

Toujours dans un état lamentable, j'essaie de me maintenir à flot. Je n'ai pas pu jouer depuis un long moment. Mon tapis fond à vue d'œil. En regardant le dernier jeu qui m'est donné, mon rythme cardiaque s'accélère. J'ai deux as ! Avec une mauvaise position, mais avec ces cartes-là, il n'y a pas de bonne ou mauvaise position. Surtout avec le peu de jetons qui me reste. C'est une aubaine. En faisant tapis, ils pourront croire que je tente de grossir un peu mon stack. Les plus riches seront aussi tentés de me sortir, pour quasiment en table finale. Après que les deux premiers jettent leurs jeux, il ne reste que les deux caïds. Le premier prend l'initiative, et envoie son tapis pour m'isoler, et que ça finisse en tête à tête. C'est ce qui arrive, le dernier envoie ses cartes au croupier. Nous retournons nos jeux. Je suis rassuré, il a as dame. Il lui faudrait deux femmes pour battre ma paire. Ou un tirage de folie pour une couleur, voire une quinte. Les cinq cartes retournées, ne lui donne pas l'avantage.

Je prends le coup. Je gagne une place. Avant-dernier, mais avec seulement cinq blindes de plus que celui que je précède. Même avec les as, j'ai souffert. Je me surprends à avoir la peur au ventre, elle me noue les tripes. J'ai aussi mal à la tête, les membres douloureux. Une fois chaud, puis cinq minutes après, je grelotte. J'aurais dû reprendre du poil de la bête, avec cette superbe main. Je n'en ai plus la force tout simplement. Ni l'envie, je pense. Je laisse juste le temps s'écouler en attendant le coup de grâce. Je me lève, après avoir jeté mes cartes. Besoin de me dégourdir les jambes. Je fais quelques pas en m'étirant. Je suis de grosse blinde, personne ne relance. Je ramasse donc la petite.

Encore un peu de jetons. Les suivantes sont à l'image du jeu que je reçois depuis un moment. Patience, patience, c'est le maître mot dans ces circonstances.

Les tours de table se succèdent, sans que personne ne tente quoi que ce soit. Tous attendent la faute que l'un de nous pourrait commettre. Il faut deux sortants, un seul pour jouer la bulle. C'est-à-dire, le dernier joueur qui ne verra pas la finale. J'ai de nouveau le bouton, et une main en or. Deux rois. À mon tour, j'envoie mon tapis. La petite blinde jette son jeu. Il ne reste plus que la grosse. C'est le seul joueur qui a moins de profondeur que moi. Il ne me regarde pas. Son problème, c'est que s'il suit, lui jouera son tournoi sur ce coup. Il compte et recompte ses jetons, puis après encore quelques secondes de réflexion, il pousse son tapis en retournant son jeu. Il grimace en voyant les miennes. Lui n'a que deux six. Il tente réellement le diable. Le flop se compose d'une paire de trois, avec une dame. Sur la turn c'est un dix, qui me laisse devant. Reste la river. Le croupier prend son temps et retourne une saloperie de six. Il touche son brelan. Cela inverse les rôles. Je suis maintenant en plus mauvaise position qu'avant mes deux as de tout à l'heure. Celui qui vient de me jouer ce mauvais coup semble réellement désolé. C'est le jeu mon gars, c'est le jeu. Ni toi, ni moi, n'y pouvons rien. Quelques mains plus tard, j'envoie mon tapis avec as et dame. Personne ne suit. Je ramasse les blindes. Je reste étonné qu'aucun des riches n'ait tenté de m'éliminer. Certainement la crainte que je sois en plein rush, au vu des trois belles mains que je viens de jouer.

Tout mon corps continue de me faire souffrir, je commence à m'y habituer. Derrière moi le murmure des spectateurs s'amplifie. Quand j'ai fait ma petite gymnastique tout à l'heure, j'ai pu me rendre compte que leur nombre avait considérablement augmenté.

Changer l'ordre des choses

Le taxi qui ramène ma carcasse au bar dans la soirée traverse la ville à bonne allure. Le chauffeur est un gars sympa qui me parle de tout et de rien. C'est un monologue, je l'entends, mais ne l'écoute pas. La tête ailleurs, je fais le bilan de cette journée que je voulais fructueuse. Pour changer l'ordre des choses, je l'ai changé. La merde m'arrivait presque aux genoux, maintenant je la sens affleurer mon menton.

Avant de partir, je suis passé à la banque récupérer les douze mille euros que j'attendais depuis quarante-huit heures. Les fourmillements, et les crampes dans les doigts ont eu raison de ma volonté. Je me suis battu contre moi-même pendant des jours, je n'ai pas résisté à la tentation. Toujours croire que l'on peut aller contre son destin, être sûr que ce que l'on va faire est le bon choix. Voilà où j'en suis dans le tacot qui me rapatrie au quartier. Il doit rester dans mes poches mille cinq cents euros à tout casser. En comptant bien, avec ce que je dois, j'ai déjà mangé la moitié de mon pécule. Faut-il encore que les trois autres maisons de crédit répondent favorablement à mes demandes. Si ce n'était pas le cas, je pourrais considérer cette voiture comme mon corbillard. Je repasse le film des courses sur lesquelles j'ai parié, avec les sempiternelles, ET SI J'AVAIS, ou SI JE N'AVAIS PAS, joué comme ci joué comme ça. Le résultat, il est là, j'ai bouffé la grenouille. Je suis enfoncé profondément dans la mouise. Je suis le seul responsable du bourbier dans lequel je me suis enlisé. Je suis vraiment le dernier des cons.

Je n'ai même pas réalisé que nous étions arrivés. Le chauffeur est obligé de lever la voix, pour que je sorte de ma torpeur. Machinalement, je lui tends un billet de cinquante, puis je sors du véhicule. Je l'entends me dire « Votre monnaie monsieur ! Votre monnaie ! » Je ne sais pas combien il veut me rendre, et je m'en fous. J'entre dans le bar. Une dizaine de clients sont encore au comptoir. Sans un mot je passe derrière, me sers un grand pastis. Francis me regarde faire, et comprend très vite que quelque chose cloche. Il y a du monde donc il me laisse tranquille. Au troisième verre que je m'enfile, il s'approche.

« Qu'est-ce qui y a gros ? »

« Laisse tomber ! Je t'expliquerai. »

Il ne se contente pas de cette réponse. Je l'entends demander aux clients de finir leurs verres, que nous allons fermer, car nous sommes attendus. Ils sont habitués maintenant. Ils terminent, et s'en vont en nous saluant d'un geste. Francis boucle derrière eux.

« Alors… Nico. Qué passa ? » Je suis en train de me resservir, il m'ôte la bouteille des mains, et attend mes explications. J'ai du mal à le regarder en face. « Putain gros ! À quoi tu joues ? On dirait un gosse. Merde ! Dis-moi ce qu'il y a. »

La honte que j'éprouve me noue la gorge. Je n'arrive pas lui expliquer que je venais de faire la plus grosse connerie de ma vie. Je reprends la bouteille, et je remplis à nouveau mon verre.

« Si tu as besoin de boire pour me raconter, c'est que ça n'est pas joli joli. C'est pas Cécilia au moins ? »

« Pas exactement. »

« Comment ça pas exactement ? Ou c'est elle, ou c'est pas elle. »

Je prends mon courage à deux mains, pour lui narrer ma journée, et les conséquences possibles de mes inconséquences. Ce que je lui raconte n'a pas l'air de l'étonner plus que ça. Il me connaît, et sait pertinemment ce que je suis capable de faire quand j'ai du liquide sur moi. Ce qu'il ne comprend pas, c'est mon entêtement à ne pas vouloir de ce que pourrait m'apporter celle que j'aime.

« Tu es vraiment une tête de nœud. Tu as la femme la plus belle qu'on puisse imaginer. Elle t'aime de toute son âme, de toutes ses tripes, et toi tu fais le mongol. » Il répéta en insistant. « Ouiii tu fais le mongol, pour je ne sais qu'elle histoire d'amour propre. Tu ne serais pas mon ami, je trouverais ça drôle. Mais là, je te jure… C'est triste d'être aussi con. Tu vas tout perdre à cause de cette mentalité à la noix. » Il venait de me traiter de mongol, de con. Je lève la tête pour tenter de répliquer. Il enchaîne. « Tu peux t'énerver, et même me mettre les mains dessus. Je ne retire rien de ce que j'ai dit. On n'a pas le droit de faire ce que tu es en train de faire. »

Je n'ai rien à répondre. Juste l'envie de me taper la tête contre les murs. Francis comprend qu'il a touché un point sensible. Mes larmes le lui confirment.

« Te faire mal gratuitement ne servira à rien. Essaye plutôt de prendre la bonne décision. Dès que tu touches le reste. Paye les deux jobards, et va-t'en avec elle. Vous êtes fait pour vivre ensemble. » J'ai du mal à distinguer son visage. Je sais qu'il est triste de me voir dans cet état. Cette fois c'est lui qui remplit mon verre.

« Allez boit ! On va se prendre une cuite, tu y verras plus clair demain. Appelle-la pour lui dire que nous sortons ensemble, qu'elle ne s'inquiète pas de ne pas te voir rentrer. »

Il faut un long moment pour que je retrouve mes esprits, et une voix normale. Après avoir téléphoné, je prends Francis dans mes bras. Il me tape dans le dos. Une grande partie de la nuit, il essaye en vain de m'amuser, de me changer les idées. Rien n'y fait. Je sais que je suis en train de souiller le bonheur qui me tend les bras. Je salis vraiment tout ce que je touche. Je ne suis pas rentré, j'ai dormi chez Francis. Le matin nous ouvrons ensemble. Voyant que je recule le moment de rentrer chez moi.

« Monte la voir ! Tu n'es pas obligé de lui raconter. »

« Tu as raison j'y vais ! » J'ai la tête à l'envers, mais vu la nuit que nous venons de passer, elle n'en sera pas surprise. Je remonte la rue, la situation me rappelle ma jeunesse. Quand j'étais gosse, et que nous avions fait une connerie, j'avais assez souvent la bêtise de croire que rien n'avait transpiré. Que j'allais m'en sortir les fesses propres. Certaines fois, je croisais le regard de mon père au volant de sa voiture. Je comprenais qu'il savait, que je devais m'attendre à une rouste arrivé à la maison. Je traînais alors les pieds pour reculer le moment.

La porte est ouverte, madame Dasilva discute avec le facteur, qui est en train de refermer sa sacoche. Si j'ai reçu quelque chose, c'est déjà dans la boîte. La brave femme me salue de la main. J'ouvre la petite porte, et découvre deux enveloppes qui semblent plus épaisses que les précédentes. Je les ouvre. Effectivement, elles sont plus garnies. Les documents que j'avais envoyés me sont retournés, avec deux réponses négatives. Mauvaise, très mauvaise nouvelle. Il ne reste qu'une réponse pouvant me sauver la mise. Avec un nouveau refus, je me retrouverais dans une drôle de mélasse. Un mort en sursis à vrai dire.

Je dois, quoi qu'il en soit faire bonne figure devant Cé. Avec un peu de chance, son sixième sens ne se mettra pas en alerte. Elle n'est pas à la maison. J'accélère pour prendre une douche, me changer, et laisser un petit mot m'excusant d'avoir découché. Puis je pars me réfugier au bar. Francis me voit débouler, se demandant ce que je faisais là si tôt. Il n'y a qu'une heure que je suis parti. Il me regarde avec un air inquisiteur. D'un signe de la tête, il demande une explication. Je n'ai pas à mentir.

« Elle n'est pas à la maison. » Rassuré, il reprend son boulot. Le jeune est avec lui. J'entends mon ami l'appeler David. Jusqu'à cet instant, je ne connaissais pas son nom. Je viens de me rendre compte que je n'avais pas cherché à en savoir plus sur lui. Il était le jeune, et ça me suffisait.

Le bar commence à se remplir. Le train-train du travail va peut-être aider à éloigner de moi idées noires, et pensées négatives de mon esprit. Encore une fois je recule pour mieux sauter.

Je m'en veux profondément, mais c'est chaque fois la même chose. Je suis un toxico. Mon addiction au jeu, doublé de ma connerie, m'entraîne toujours plus loin des rives de la réalité. Ma planche de salut, c'est la femme que j'aime, et qui m'aime, et moi je nage à l'opposé pour la fuir. Quelque chose à prouver, mais quoi ?

Après quelques verres et sandwiches servis, je m'aperçois que Mathieu n'a pas fait d'apparition. Je demande donc de ses nouvelles. Personne ne l'a vu. C'est inquiétant, il n'a jamais manqué à l'appel depuis des années. Je demande à David s'il sait où le vieux grigou habite. Sa réponse affirmative me pousse à lui demander d'aller aux renseignements. Il y part dans la minute sans rechigner. Moins d'un quart d'heure plus tard, il est de retour.

« Il est devant chez lui, il prend le soleil. »

Il s'est peut-être mis en congé, mare de rendre service, de faire le va-et-vient entre le PMU et le bar. Je suis réellement tordu. Je me préoccupe de Mathieu au lieu de penser à ce qui peut advenir dans les jours qui arrivent. Un vrai mongol. Je cherche à savoir ce qui advient d'un vieux truand, au lieu de m'inquiéter de la femme qui m'aime. Je mets encore une fois la main sur la bouteille de pastis. Je la repose aussitôt. Je ne vais pas ajouter l'ivrognerie à mes défauts. Depuis quelque temps, la bibine est trop présente, encore une faiblesse qu'il faudra maîtriser.

L'apéritif s'est bien passé. Je remonte avec mon fardeau sur les épaules. J'ai l'impression de peser une tonne. Les jambes lourdes, la tête aussi. Toujours entre la chèvre, et le chou. Heureux de voir mon amour, mais hanté par la crainte que mes turpitudes soient découvertes. Quand je pousse la porte, Cécilia est allongée dans le canapé. Elle me sourit avec cet air qui me fait craquer. Je m'assois à côté d'elle, lui caresse la joue. Elle prend ma main, la pose à plat sur sa poitrine. Je sens son cœur battre. Une envie folle de tout lui dire traverse mon esprit. Je la chasse en embrassant Cécilia. Un long baiser d'une infinie tendresse. Quand je me redresse, je peux lire dans son regard, une inquiétude profonde. Elle a envie de poser des questions, seulement la crainte de me heurter, de créer un malaise entre nous l'en empêche. Je passe mon bras sous elle pour la soulever et la prendre dans les bras. Je la serre fort contre moi.

« Ne t'inquiète pas Bébé… Tout ira bien ! » Je la sens frissonner. Il fait vingt-cinq degrés, ce n'est pas le froid qui est en cause. Elle réajuste sa position pour me regarder dans les yeux. Les siens sont humides. Elle tremble de plus belle, tout en murmurant.

« Nicolas… Ne me fais pas ça… Ne me fais pas ça… »

« De quoi tu parles mon amour ? »

« Ne fais pas de conneries qui pourraient t'éloigner de moi. Arrête tout ! »

Si je relève, je vais en toute connaissance de cause prendre cette femme pour une imbécile. Je n'en ai pas le droit, et surtout aucune envie. En me taisant, je ne lui mens pas. Je m'enfonce juste un peu plus dans mes petites lâchetés.

« Arrête de te faire du souci. Tout ira bien. Ne parlons plus de ça ! S'il te plaît. »

Je l'enlace à nouveau. Je ne supporte plus de voir ce que je lui impose. Elle subit sans rien dire. Elle sait que je pars en couille, et ne veut pas interférer dans mes affaires. Sa raison a bien senti que quelque chose ne tournait pas rond. Nous restons encore un long moment l'un contre l'autre. Je suis sûr aussi que si je continue à tout lui cacher, bientôt je ne pourrai plus rien avouer. Il sera trop tard. Je prépare le repas en silence. Une mauvaise ambiance s'installe par ma faute. Je n'en suis pas fier. Mais, je n'arrive plus à faire marche arrière. Je la sens derrière moi qui va et qui vient. Elle en a assez, et veut savoir. Je vais être obligé de mentir. Elle tentera sinon de s'impliquer financièrement. Je ne veux pas en entendre parler. Toujours cette fierté mal placée.

« Allez, viens voir. »

Elle s'approche, je la prends par la taille. « Il y a quelque chose que je dois te dire, je me suis inscrit à un tournoi de poker pendant une semaine. Je voudrais être seul pendant ce temps-là. J'ai engagé une grosse somme, je vais avoir besoin de toute ma tête. »

Elle me regarde, ses yeux s'assombrissent. Elle a compris que je mens, j'en suis sûr maintenant.

« Tu as engagé beaucoup de pognon ? Ne me dis pas que c'est l'argent des deux connards que tu vas jouer. C'est où ton tournoi ? »

Je sais qu'un beau tournoi a lieu dans dix jours à Deauville. Ce n'est pas assez loin pour que je sois certain qu'elle ne tente pas une incursion. J'en invente donc un à Vienne. L'Autriche. Pourquoi pas ? Son regard ne faiblit pas, reste toujours aussi noir. Je n'avais pas pensé à cette solution, se pourrait-il que sans le vouloir, j'ai trouvé un moyen de me sortir de cette situation. Enfin un moyen, une possibilité, il est hasardeux d'employer ces termes, pour quelque chose qui n'existe pas. Mais je vais m'accrocher à cette idée. Là où j'en suis rendu, je suis obligé de bâtir mon avenir sur du rêve. Mon cerveau débile de flambeur fait vite les comptes. Si cette nouvelle optique devient la solution, je pourrais même doubler, voire tripler le capital déjà englouti. Plus celui qui était prévu. Depuis le temps que j'envoie les dés, ou les cartes sur des tapis, que ce soit dans des casinos huppés, ou sur le béton d'une arrière-cour, je n'ai jamais tenté de me frotter au cador du Texas holdem en tournoi. Il est temps que je me jette dans le grand bain. Il est certainement présomptueux de penser pouvoir rivaliser avec les champions. Toujours cette attitude de toxico, qui se croit plus toujours fort que son addiction. J'en suis là dans mes réflexions, quand je me rends compte qu'elle ne va pas en rester là. C'est la première fois que je la vois réellement énervée.

« Nico ! Es-tu sûr de m'aimer ? De m'aimer plus que tes cartes, tes dés, et le reste ? »

L'intonation de sa voix n'est plus celle d'une femme en colère, il est celui d'une femme aimante poussée au désespoir par un con. Je l'aime ! Oh oui, je l'aime ! Pourtant le con c'est bien moi.

« Je t'aime plus que tout au monde. Je t'aime comme je n'ai jamais aimé. Comme personne n'a pu aimer un être. Je suis dans une passe délicate, dans cette confusion, ce bordel, la seule chose dont je sois sûr, c'est que je suis fou d'amour pour toi. Je te jure que cette partie sera la dernière de ma vie. » Je viens de prononcer les paroles que j'aurais dû prononcer depuis longtemps. Elle sourit, en gardant son air grave.

« Ne jure pas Nico ! Ne jure pas ! Tu n'as jamais mis les pieds dans une église. Donne, comme tu le fais avec tes amis, et le faisait avec mon père, donne-moi ta parole d'homme ! Ta parole d'honneur ! Moi de mon côté, je te jure de ne plus poser de question. »

Elle vient de refermer la nasse. Comment reculer. Je me soumets à son désir. Je n'ai jamais manqué à ma parole. Je viens maintenant, et pour la vie, de changer de vie. Elle m'embrasse avec fougue, je suis à sa merci. Dans l'instant, elle pourrait obtenir tout ce qu'elle veut de moi. Il est assez rare que nous fassions l'amour dans l'après-midi. Celui-ci rattrape tous les autres.

J'arrive en retard au bar. Le visage en feu, tout mon corps bouillonne. Les trois heures que nous avons passées au lit à faire l'amour et à discuter m'ont mis en ébullition. Mais depuis que je suis sorti de l'appart, l'idée d'un tournoi de poker trotte dans ma tête. POURQUOI PAS ?

Je tourne en rond dans le bar. David n'est pas là. J'ai besoin de lui. Je ne sais pas comment utiliser internet, afin de pouvoir vérifier si le tournoi de Deauville est bien annoncé à la date prévue. Normalement, il vient tous les soirs. Je vais l'attendre. Pendant ce temps, je fais le bilan de ces derniers jours. Je me rends compte qu'il y a plus d'une semaine que je n'ai pas travaillé seul le soir. Est-ce que Francis et Valérie continuent à se voir ? Je ne l'ai pas senti tendu, il a toujours cet entrain, et cette joie de vivre. Je le lui demande pour m'en assurer.

« Ta chérie va bien ? »

« Oui ! Elle est à Paris pour quinze jours. Une formation pour passer au stups. »

« Et toi ! Comment ça s'est passé à la maison ? »

« Moyennement. Comme dit l'adage, j'ai mis un pansement sur une jambe de bois. » Francis ne sait pas encore que je n'ai plus qu'une chance de pouvoir payer René et Frisé. Celle de recevoir une réponse positive à ma dernière tentative de prêt. Si j'en parle à quelqu'un, ce sera à lui. Il y a peu de monde ce soir, Mathieu est là, mais il a refusé la bière que je lui proposais. Pour lui, aussi il y a quelque chose qui ne tourne pas rond. Au milieu de la soirée, le jeune débarque, je le prends à part.

« David, tu sais te servir d'internet ? »

« Oui ! J'ai un PC à la maison. » Un PC ? Qu'est-ce que c'est un PC ? Il réalise que je n'entrave que dalle. Il m'explique que c'est un ordinateur. Je lui note sur un papier ce que je veux savoir, lui demande de faire les recherches pour moi, et de me les remettre demain.

« Si vous voulez, je vais vite fait chez moi ? Dans un quart d'heure, je suis là avec les réponses. »

« Ce serait excellent. Merci. » Il repart aussitôt, effectuer la mission que je lui ai confiée. Vingt-cinq minutes plus tard, il revient une feuille de papier à la main. Sur celle-ci, il a noté tout ce que j'avais besoin de savoir.

Un tournoi débute bien le vingt et un juin. La mise de départ est de cinq mille euros. Sans compter les frais de bouche, et les nuitées. La somme globale qui sera redistribuée est estimée à près de trois millions d'euros. Une grande partie des ténors internationaux sera présente. Qu'importe.

J'ai beau tourner, retourner le problème dans tous les sens, même si la dernière réponse est positive, que je paye mes dettes, il ne me restera en tout et pour tout qu'un trou béant de trente mille euros sur mon compte. Je remets à demain les questions, et réflexions. David me regarde pendant mes cogitations et les interrompt.

« Vous allez le faire ? »

« D'abord, arrêtes de me dire vous ! Ensuite, il n'y a rien de sûr ! Mais merci pour le service. »

Francis essayait de comprendre de quoi nous parlions, mais il était trop loin pour entendre. Il arrêta de tendre l'oreille, et se rapprocha.

« C'est quoi ce papier ? » Bonnes ou mauvaises, j'avais l'intention de le mettre au courant des moindres décisions que j'allais être amené à prendre.

« Je t'en parle à la fermeture. Tranquille en tête à tête. »

Il ne m'en demande pas plus, et retourne à ses occupations. Ce soir je ne boirais rien. Je vais essayer de perdre les mauvaises habitudes qui se sont insinuées dans ma vie ces derniers temps. Ce boulot est dangereux si on ne prend pas garde à la surconsommation d'alcool qu'il peut engendrer. Je me suis surpris, à ne me servir que des boissons alcoolisées quand j'étais invité à boire. Je faisais de même, à n'importe quel moment de la journée, excepté les cafés du matin. Au bout de ces quelques semaines, je ne faisais plus attention, et sans m'en rendre compte, je finissais rond comme une bille tous les jours. Ce n'est certainement pas le moment, de rester dans la brume. Il y a mille questions auxquelles je dois répondre, il faut pour ça que je garde la tronche fraîche. Pour l'instant, je n'ai échafaudé que des plans avec un final happy-end. Mon subconscient, couplé à cet état d'ébriété permanent, repoussait la perspective d'une possible catastrophe. Sachant pertinemment que c'est ce qu'il y a de plus envisageable pour l'instant. Je suis perdu dans mes pensées, je n'ai même pas remarqué que Francis a fermé le bar. Quand je sors de mon état léthargique, je vois les chaises déjà montées sur les tables, le comptoir est propre, et rangé. Francis frappe fort du plat de la main sur le zinc, pour finir de me réveiller.

« Alors fondu ! Qu'est-ce que tu as encore inventé ? » Il n'est pas ironique en disant ça. Ma façon récente d'agir, ou de ne rien faire lui donne le droit de parler ainsi. Il est vrai qu'il n'y a qu'un cinglé comme moi pour se mettre dans des positions aussi inconfortables. Je ne sais par où commencer, dois-je lui expliquer mon projet sauvetage qui me mettrait à la cote de cent contre un chez le book le plus optimiste ou par cette épée de Damoclès qui va tomber sur mon crâne, si la réponse attendue est négative. J'attaque par la mauvaise surprise en réceptionnant le courrier ce matin, puis j'enchaîne avec la pirouette opérée face à Cécilia. Le soi-disant tournoi en Autriche.

« Ben Gros… Si t'y es pas dans la merde, tu dois déjà bien sentir l'odeur ! »

C'est rude, mais plein de bon sens, ce qu'il me dit. La vérité crue et nue. En plus il l'a énoncé d'une telle manière, qu'il réussit à me faire rire. Espérant cette réaction, il rit avec moi.

« Nico, y a bien un moyen d'arranger la sauce. »

« J'en suis de moins en moins sûr. Mon ami. »

Deauville sera la dernière bouée à laquelle je peux m'accrocher. Il faudra que je finisse dans les tous premiers, si je veux rétablir entièrement la situation. J'ai besoin que quelqu'un y croit aussi. En le lui expliquant, j'ai envie de le convaincre que j'ai une chance. Il me laisse finir, et.

« Tu crois être de taille ? Excuse-moi ! Je m'exprime mal ! C'est un jeu, ou le facteur chance pèse lourd. Rien ne peut te fournir la certitude que tu iras au bout. Même si tu joues très bien. »

Plus je l'écoute, plus je trouve changée sa façon de parler. Il y a trois mois de ça, j'aurais eu droit à.

« Putain Gros ! Le poker c'est le cul ! Tu peux pas être sûr de les niquer ! » L'influence de Valérie certainement. Comme un con, j'ai voulu rester imperméable à celle de Cécilia.

« Que je sois de taille ou pas, ce n'est pas le problème. Si ça foire, je serai obligé de prendre la tangente. »

« C'est bien joli tout ça ! Mais Cécilia, tu la places où dans tes conneries ? »

« Je ne sais plus. Voilà pourquoi j'ai besoin de toi. Elle croira que je suis en Autriche. Si je suis obligé de me mettre en cavale, il faudra que tu fasses le relais. Je ne suis pas sûr d'avoir le courage de me présenter devant elle, si ça se passait mal. »

« N'oblige pas à faire du mal à la petite. C'est tout ce que je te demande. »

Il dit ça sur un ton plus que sérieux, presque sentencieux. Quoi qu'il advienne, je souhaite de tout cœur que ma requête ne puisse en rien bousiller, ou seulement ternir notre amitié. Il rajoute.

« Quand je te dis ça, c'est pour t'avertir que je ne lui porterais jamais tort. Même pour toi ! »

Il ne plaisantait pas en affirmant ça.

Deauville

Je suis toujours dans une situation critique. Tant dans le jeu, qu'au niveau physique, et psychologie. Pendant le déroulement de la partie, je me remémore tout ce qui s'est passé depuis mon inscription à ce fameux tournoi. Mon faux départ pour Vienne, le réel pour Deauville. Je tenais Francis au jus par Téléphone. Il n'y a plus de cabine, j'appelais depuis celui de l'hôtel. Cécilia a voulu m'offrir un portable à plusieurs reprises, je n'en ai jamais voulu. Pendant ces conversations téléphoniques, il me racontait ses discussions avec ma chérie qui le pressait de questions. Bien sûr elle était allée au renseignement, et s'était rendu compte que le tournoi de Vienne n'avait jamais existé. Francis passe tous les jours au tourniquet. Il n'en pouvait plus de mentir, et avait vraiment hâte que ça se termine.

En réfléchissant à tout ça, je regarde mes cartes. Rien de valable, je jette au milieu. Toujours autant de mal pour me concentrer. J'ai certainement dû manquer des jeux valables. Il ne reste que quinze blindes sur mon tapis. Je vois au fil des mains, mon rêve de retour triomphal dans les bras de ma dulcinée, se dissoudre la réalité du moment. Je suis pratiquement dehors. J'en suis là, quand, je m'y reprends à deux fois pour regarder mon jeu. Je ne me suis pas trompé, ils sont là ! Deux beaux as. J'envoie tous mes jetons, sans les mots anglais tout dedans, mais le bon vieux boîte des parties du poker à cinq cartes. Premier de parole, je n'ai qu'à attendre la réaction de mes adversaires. Le rêve va peut-être se réaliser. Il n'y a pour suivre que le plus riche de la table. Je retourne mes as avec une certaine arrogance. Lui dévoile deux dix. Le flop est étalé. Un neuf, un huit, un as. Je suis aux anges ; c'est presque gagné. La carte de la turn est une dame. Aucune possibilité de couleur, seul un valet lui donnerait la quinte. Le croupier prend son temps, il retourne la carte qui me condamne. Un valet, un putain de valet.

Je suis dehors ! Adieu veau, vache, et cochon. Le mec qui a touché la quinte s'excuse.

« Désolé… »

« Tu n'y es pour rien, c'est la loi du poker. Le mot en cinq lettres pour la suite. » Il sourit, me tend la main. Je la lui serre, ainsi que celle des autres joueurs. L'organisateur m'accompagne jusqu'à la caisse pour me donner mon chèque. Quarante-cinq mille euros. C'est bien, mais il en manque. Après avoir envoyé seize aux affreux, vingt pour la banque, car bien sûr la dernière réponse était négative. Reste neuf mille euros dettes et crédits remboursés. Le champagne m'est offert, je décline l'invit. Il est trop tard pour appeler Francis. Je regagne l'hôtel en taxi. Je me traîne jusqu'à ma chambre, en mode zombi. La tête vidée, je m'écroule pour le reste de la nuit. Au réveil, je n'arrive pas à m'arracher de dessous les draps. J'ai l'impression d'y être protégé, de ne pas avoir à rendre de compte à qui que ce soit. Je prends quand même le phone pour appeler Francis. C'est le jeune qui répond.

« Passe-moi Francis s'il te plaît David. » Quelques secondes après.

« Ça va vieux loup ? » Après un début d'explication, il est content de savoir que c'est enfin fini. Moi je ne suis sûr de rien. Je lui raconte la finalité de la situation. Je n'ai pas envie de rentrer de suite. Il comprend que je vais prendre quelques jours pour me requinquer, que j'envoie par virement les seize mille euros qu'il devra remettre à René. Il me coupe la parole.

« Tu comptes rester combien de temps ? »

« Je ne sais pas trop. Quatre à cinq jours. »

« Dans trois jours les nouveaux proprios seront dans les murs. »

« C'est bien, c'est même très bien. »

La lassitude avec laquelle je dis ça doit se ressentir. J'aimerais demander des news de Cécilia. Je n'en ai pas le temps. Il prend les devants.

« Cécilia est inquiète. Tu aurais pu l'appeler quand même. »

« Je sais, je suis une bordille. »

« Tu l'as dit avant moi. Déjà six jours qu'elle n'a pas de nouvelles ! J'en ai marre de devoir mentir sans arrêt ! C'est pas correct ce que tu lui fais subir ! »

« Je vais l'appeler. Mais je ne sais pas trop quoi lui raconter. Tu m'as dit qu'elle savait que je ne suis pas à Vienne. J'ai tellement menti, que j'en suis venu à me mentir à moi-même. »

Il m'écoutait sans rien dire. Je pense que j'ai poussé le bouchon trop loin. Qu'elle, malgré son amour, va avoir du mal à me pardonner. Francis rompt le silence qui est en train de s'établir.

« Nico... N'attends pas trop. Elle t'aime, mais ne fais plus rien qui pourrait l'éloigner de toi. Cécilia mérite mieux que ça. »

« Je sais Fran… Je sais. Il faut que je trouve le courage de l'affronter. » À l'autre bout du fil, je l'entends s'étrangler.

« Comment l'affronter ! Tu pars vraiment en couille ! L'affronter, tu dis ! Ce n'est sûrement pas le mot que tu dois employer. » Il a raison à deux cents pour cent. Comment parler d'affrontement pour exprimer quelque chose à celle que l'on aime.

« C'est la situation que je dois affronter. Certainement pas elle. »

« Où est le problème ? Tu n'auras jamais l'air con devant ton amour. Si à partir de maintenant tu lui dis la stricte vérité, elle ne te tiendra aucune rigueur de ce qui ne sera que du passé. »

Le changement de Francis éclate maintenant au grand jour. Il n'a peut-être pas changé, c'est son véritable visage qui apparaît au contact de la passion qu'il éprouve pour Valérie. Le discours qu'il tient sur l'amour depuis la relation qu'il entretient avec elle, est toujours empreint d'intelligence, et de retenue. Je lui laisse penser qu'il m'a convaincu.

« Tu sais quoi Gros ? Après-demain je prends l'avion, je monte te voir. David saura se démerder avec les nouveaux. On passe la journée ensemble, et on redescend tous les deux. »

« Ok Francis ! Cela me fera du bien de parler de tout ça avec un ami. »

Nous fixons le rendez-vous pour le surlendemain. Je n'ai pas approfondi la question de mon retour. Je préfère qu'il soit présent, avoir deux jours de plus de réflexions pour entamer le sujet. Je reste cloîtré toute la journée dans ma chambre d'hôtel. Je ne descends que pour avaler vite un en-cas, et remonte immédiatement. La fatigue nerveuse emmagasinée ces derniers temps me laisse une impression de gueule de bois. Je ne dors que par épisodes. Le lendemain je traîne ma misère toute la matinée. N'ayant pas vraiment faim, je décide de partir en balade, je passe devant le casino, mes tripes se nouent longeant l'entrée. Deux cents mètres plus loin, je fais demi-tour. Toujours rongé par ce démon. Arrivé sur le seuil, l'image de Cécilia vient stopper ma progression. Je ne suis pas une bordille, mais le dernier des enculés, si je franchis cette porte. La seule personne pour laquelle je renierais ma parole serait celle que j'aime plus que tout. Même si je prends la décision de fuir la vie qui s'offre à moi. Qu'il arrive que je choisisse la désertion, je dois au moins respecter la parole que j'ai donné. Je tourne les talons, et m'empresse de m'éloigner de l'endroit. Je marche ainsi des heures.

Longeant les plages et les quais, je fais le résumé en pensée de tout ce qui a pu se passer depuis ces derniers mois. Le malheur, le bonheur, suivi d'incertitude et d'anxiété. La peur aussi, cette peur qui m'empêche d'accepter d'être aimé comme je le suis. Maintenant celle de ne plus l'être, sinon de ne plus le mériter. La hantise de devoir reparaître devant Cécilia, en espérant être resté pour elle celui d'il y a quelques semaines. Je me languis de voir mon ami le lendemain, pour pouvoir exprimer tout ce qui taraude mon esprit. Il sait mes états d'âme, sans les cautionner, il tente de les comprendre pour me faire virer de bord. Faire en sorte que je prenne la bonne route. Elle éviterait le chagrin et les tourments que ce soit pour elle, ou pour moi. Je suis maintenant attablé en terrasse, un café devant moi. Je demande au serveur s'il est possible de m'appeler un taxi. Réponse positive. En lui faisant faire cette commission, je m'en veux une fois de plus n'avoir toujours pas bipé Cécilia. Elle doit me maudire, me traiter de tous les noms. Avec raison d'ailleurs. Le temps de finir mon jus, le taxi est là. Une fois rentré, avant de retourner m'allonger, je demande qu'on me sonne à vingt heures trente. J'ai dû m'endormir profondément, car j'entends la sonnerie du phone, mais je mets du temps pour répondre. Je prends une douche, et m'habille sans hâte. La salle de restaurant est remplie au trois quarts quand je m'installe face aux fenêtres tournant le dos à l'assistance. Encore une esquive, car je ne veux pas regarder les gens. J'ai l'impression que tout le monde sait ce que je suis en train de faire subir à ma bien-aimée. Le sentiment que l'opprobre est jeté sur moi. Je suis en train de tourner débile.

Cette longue marche, et les repas sautés n'ont pas stimulé mon appétit. Je vais manger parce qu'il le faut. Sans une réelle envie. Tout ce que j'avale depuis le début de la semaine n'a ni goût ni saveur. Pour changer mes habitudes de viandard, je commande du poisson. Un bon vin blanc pour faire les choses correctement.

J'entends dans mon dos, que l'on s'adresse à moi, mais je ne comprends pas ce qui m'est dit. Une voix que je connais répète.

« Je ne savais pas que Deauville était en Autriche ! »

C'est bien elle. Je me lève avant de me retourner. Face à moi, Cécilia ! Elle ne sourit pas. Je ne sais si je dois l'embrasser, ou prendre mes jambes à mon coup, et courir le plus loin possible. Impossible dans l'immédiat de sortir un son, de dire un mot. Elle me fixe. Son regard est étrange, sans réelle colère, non plus de reproche. Plutôt des yeux qui demandent « pourquoi ? » D'un geste, car je suis toujours incapable de sortir une parole.

Je l'invite à s'asseoir. Dire que je suis mal à l'aise est dérisoire. Il faut que je parle, que j'agisse.

« Gifle-moi ! Crache-moi à la figure, mais fais ou dis quelque chose. S'il te plaît ! »

« Tu crois que j'ai conduit pendant douze heures pour te cracher dessus, ou te gifler ? J'avoue que ça m'a quelques fois traversé l'esprit ces derniers jours. J'ai eu envie de claquer le museau ! Pas par colère, par pour une quelconque histoire de vengeance ou de revanche ! Non ! Seulement pour essayer de t'ouvrir les yeux. De te faire entrer dans le crâne, que ce que je t'ai dit au premier jour sera et restera ! Où que tu ailles, je viens avec toi, tu ne te débarrasseras pas de moi ! »

Son regard n'a pas cillé. Toujours aussi volontaire. Elle semble tout de même s'agacer un peu de mon silence.

« Tu avais misé ta langue aussi dans ce tournoi ? » En disant ça, elle se fend d'un large sourire ironique. Ce semblant de sourire, et ses paroles, me dénouent les cordes vocales.

« Cé… Je ne sais quoi te dire. Je ne cherche pas d'excuse, je n'en ai pas. »

« Nico, je me fous de ce qui s'est passé ces derniers jours. Je suis venu jusqu'ici pour balayer tout ça la solution évidente, c'est que tu acceptes de tout balancer aux oubliettes. Ta peur de m'aimer n'a pas lieu d'être. »

Je voulais objecter que pour moi rien n'était réglé, que ma situation restait la même. Je ne pouvais toujours rien offrir. Avant d'avoir pu argumenter, elle prend ma main, l'embrasse et me dit.

« Il y a deux minutes, je t'ai demandé de me parler, mais cela fait douze heures que je répète tout ce que j'ai à te dire. La route était longue, et je t'assure que tu vas m'écouter jusqu'au bout. »

D'un hochement de tête, je lui fais comprendre que je ne l'interromprais plus.

« Remercie ton ami Francis. Il a résisté longtemps. Mais il a craqué hier quand j'ai menacé de me foutre en l'air si je ne te voyais pas très vite. C'est comme ça, ce que femme veut, femme a. »

Sacré Francis. Elle l'a fait marron au chantage. À aucun moment je ne pourrais lui en tenir rigueur. Elle retirait une certaine fierté de la réussite de son stratagème. Dans toutes les affaires où il avait été mêlé,

Francis n'avait jamais dit un mot sur qui que ce soit. Les gardes à vue de l'époque étaient beaucoup plus brutales que celle de maintenant. Pourtant, jamais un mot. Même devant les apprentis gestapistes, il l'avait toujours fermé. Là, il avait craqué devant les beaux yeux verts de ma chérie. Le connaissant comme je le connais, il doit être dans tous ses états. Il faudra que je l'appelle pour le rassurer, et le remercier.

« Il m'a tout raconté. De A à Z. C'est pour ça que je t'ai parlé de colère tout à l'heure. Oui la colère de savoir que tu risquais ta vie pour un misérable tas de billets. La colère que ton refus d'accepter mon aide pouvait t'arracher à moi. »

Je vois ses yeux qui se mettent à briller, se remplir de larmes. Je me lève d'un bond, la relève de sa chaise, et la prends dans mes bras. Je la serre presque à lui faire mal, en lui répétant sans cesse que je l'aime. Notre attitude attire les regards sur nous. Rien à foutre, nous sommes seuls. Plus rien n'existe qu'elle et moi. Je prends son visage entre mes mains, pose mes lèvres sur les siennes, et l'embrasse longuement. Elle se laisse aller à ce baiser. Tout à coup, elle recule vivement, lève la main. Pas pour frapper avec un esprit de vengeance ! Non ! Mais comme le ferait une mère en frappant fort les fesses de son enfant, qui a manqué se faire écraser en n'écoutant pas ses conseils.

Elle ne termine pas son geste, et se jette dans mes bras en pleur. Nous devons avoir vraiment l'air cons au milieu de tout ce monde. Je l'entraîne hors de la salle du restaurant pour continuer à l'embrasser. Les rires se mêlent aux pleurs maintenant. Je comprends à cet instant, que je ne peux pas vivre sans elle. Nous montons les marches quatre à quatre pour rejoindre la chambre. Nous n'allons être qu'un à nouveau. Encore une nuit indescriptible. Une nuit comme celle-là, ça ne se raconte pas, ça se vit. Réveillé un peu avant Cécilia, j'en profite pour la regarder dormir. Elle ouvre enfin les yeux. Putain de moi ! J'ai failli perdre tout ça par pur égoïsme. Encore un paradoxe de la vie. Perdre quelque chose par égoïsme.

Nous passons la matinée au lit. Elle a le temps de me raconter les épisodes que j'ai ratés au quartier.

Me confirme que le bar est vendu. Puis, plus désagréable et gênant pour moi, elle m'explique que je n'aurai pas à faire le virement à mon ami. Que le pognon que j'ai gagné servira à rembourser les crédits, le reste je pourrais l'investir dans l'affaire que nous achèterons. Elle a tout prévu, et planifié. Je n'étais plus dérangé par l'avenir qu'elle décrivait. J'y prenais ma place sans en être le parasite. Le dossier est bien ficelé comme dirait un juge. D'un commun accord, nous décidons de ne parler dorénavant que de l'avenir. D'enfouir une bonne fois pour toutes le souvenir de la semaine qui vient de s'écouler. Nous passons les deux jours suivants, sur un petit nuage, et préparons le retour. Je suis heureux de n'avoir à aller au bar, que pour saluer le monde que j'y connais.

Pour redescendre, nous prenons notre temps. Presque arrivé chez nous, je sors de l'autoroute, pour rejoindre la petite auberge où nous avons passé notre première nuit. Le patron nous reconnaît, il est heureux de nous revoir. Notre chambre est prise, il se débrouille, pour que les clients qui l'occupent nous la cèdent, et en prennent une autre. Toute la nuit, quand nous ne faisons pas l'amour, nous mettons au point le voyage que nous désirons faire ensemble. Au réveil, c'était décidé, la semaine suivante, nous partirions pour plusieurs jours au gré de nos envies. Le long du trajet nous ramenant à l'appartement, nous parlons de mille choses que nous devrions faire. Nous bavardons encore quand je pousse la porte, et entends le couinement particulier des gongs qui me confirme que nous sommes bien chez nous. Madame Dasilva est fidèle au poste, mais ne s'attarde pas derrière son rideau, nous ayant reconnu, elle vaque à ses occupations.

Arrivés à l'étage, je laisse Cécilia défaire les sacs, je l'embrasse en lui disant.

« Je descends au troquet, je vais essayer de voir Francis. » Elle sait que je dois le voir rapidement, et ne me tient pas rigueur de cet abandon prématuré. Arrivé au bar, j'entre, il y a du monde. J'aperçois

Francis, nos regards se croisent. La gêne se lit sur son visage. Je m'avance vers lui sans sourire, il est de plus en plus mal à l'aise. Dès que j'arrive à sa hauteur, j'éclate de rire, le prends dans mes bras pour lui faire la bise. Pas besoin d'expliquer qu'il a bien agi. Je l'en remercie même. Il me présente les nouveaux propriétaires, je vois David derrière le comptoir qui me salue d'un signe de la main. Tout va pour le mieux, dans le meilleur des mondes. Je raconte à Francis tout ce que je ne lui avais pas expliqué au téléphone. Pendant ma narration, j'aperçois nos deux petits vieux. Ils sont assis, et jouent au rami.

« Francis ! On se prend les vieux à la belote ? »

La proposition lui plaît. Nous allons les voir. Pas besoin de parlementer, ils sont eux aussi ravis de pouvoir reprendre nos vieilles habitudes. Après deux parties, je remonte. La journée s'écoule tranquillement. Deux jours seulement que je suis rentré, pourtant le quartier me gonfle déjà. Nous partons dans cinq jours pour l'île Maurice. Une fois le voyage terminé, nous irons visiter plusieurs commerces, pour trouver celui qui nous conviendra le mieux. Nous ne savons pas vraiment dans quoi nous lancer. Cécilia est heureuse, elle respire la bonne humeur. Malgré la lassitude de l'endroit, je baigne moi aussi dans le bonheur. Le matin belote, ensuite je passe le reste du temps en compagnie de ma moitié. Hier j'ai croisé les deux associés. Nous avons discuté un moment. À aucun moment, ils n'ont fait allusion au bar. Peut-être préfèrent-ils que ce soit des étrangers qui prennent le troquet. Leur mettre la pression sera certainement plus aisé pour ces deux individus sans aucune vergogne. En plus ils sont en pleine distribution de dossier pour les crédits, les maisons de crédits, n'ont qu'à bien se tenir.

Je suis content d'être débarrassé de ce fardeau. Désormais, au moins je les verrai, au mieux je me porterai. Demain nous sortons avec Valérie et Francis. Un bon resto est prévu, puis un petit tour au cabaret si nous en avons la force. Ce soir, c'est la concierge qui est notre invitée. Cécilia y tenait vraiment. L'envie de lui faire plaisir, la sortir un moment de sa solitude. Pour ça, elle s'est mise au fourneau dans l'après-midi, préparant un dîner digne des grands restaurants. Madame Dasilva a accepté sans réserve l'invitation.

À l'heure prévue, elle arrive tirée à quatre épingles. Je m'étonne qu'elle ne refuse pas l'apéro. Nous discutons de choses et d'autres, souvent très intéressantes. Je découvre une femme pleine de gaieté, et de bon sens. Plusieurs fois dans la soirée, nous partons tous les trois dans des fous rires, bonne surprise que cette soirée. Cette brave femme nous quitte juste avant minuit, toute guillerette. L'apéro et le vin à table ont eu raison de la grisaille de sa vie. Nous nous couchons en laissant au lendemain les tâches ménagères. Le temps est à nous. Cécilia a déjà attaqué la vaisselle, et le rangement quand je me lève. Une heure plus tard, elle est prête pour aller chercher les billets d'avion. Après une bonne douche, je prends la direction du bar. Je marche, ressentant une sensation étrange. L'impression d'être suivi, espionné. Le sentiment d'un regard posé sur ma nuque. Il est tellement fort que je me retourne d'un coup. Je distingue le visage d'un type, avant que je le remette, j'entends en voyant un flash, une éblouissante lumière, une explosion. Puis plus rien.

À l'hôpital, ils m'ont réveillé du coma artificiel ou ils m'avaient plongé. Cela fait quatre jours que je suis aux abonnés absents. J'ouvre les yeux, tout est trouble, je distingue des silhouettes, mais ne reconnais personne. Même les voix sont étranges, comme sur les vieux pick-up, on écoutait des 45 tours en mode 33 tours. Le contour des formes devient plus net. Je reconnais le beau visage de ma chère et tendre. Derrière elle je distingue mon ami Fran. Les lèvres de Cécilia se posent sur les miennes qui sont sèches et gercées. Ce baiser réveille ma mémoire, me ramenant à la dernière image qui reste avant le trou noir. C'est l'image du trou du cul à qui je devais deux mille euros. Dans toute cette histoire, je l'avais complètement oublié. Si je ne m'étais pas retourné, il m'aurait vidé le chargeur dans le dos. Se retrouvant face à moi, il avait tiré par réflexe, avait paniqué, jeté à terre le calibre, et avait fui. Se faisant alpaguer deux heures plus tard. Il avait reconnu les faits.

Pendant que Francis me rapporte tout ça, j'observe Cécilia. Elle a les joues creuses, les yeux cernés, et rougis par les larmes. La pauvre en l'espace de quelques mois, vivre deux situations similaires et d'une telle violence, a eu un effet dévastateur sur elle. Je prends sa main, l'attire à moi. La douleur que provoque ce mouvement, je m'en fous. J'ai besoin de sentir son souffle sur mon visage. Elle essaye de sourire, mais n'y arrive. Je veux la sentir plus près encore.

« Cécilia… Mon amour. Nous allons partir de cet endroit maudit. Tu veux bien ? » Avec une voix à peine audible, elle répond en pleurant.

« Oui… Oui… Oui… Oui. » Les yeux me piquent aussi. En échange de cet amour, je n'ai été capable que de la faire souffrir. Sa joue contre la mienne, nous restons quelques secondes à nous murmurer des je t'aime. Je la sens faiblir dans cette position. Tous ces événements lui ont bouffé sa force, son énergie.

« Chérie assied toi un peu. »

Sans un mot, elle suit mon conseil. Francis est ému de nous avoir vus comme ça. Je suis sûr qu'il est lui aussi au bord des larmes. Il faut détendre l'atmosphère, ou tout du moins changer de sujet.

« Putain ! J'aurais jamais cru ça de lui. »

Francis danse d'un pied sur l'autre. Il veut me dire quelque chose, mais il hésite. Au bout d'un moment il se décide.

« Je sais pas si c'était vraiment son idée. » Je ne comprends pas vraiment ses propos. Il continue donc

« On l'a vu souvent avec René et Frisé ces jours-ci. De là à penser qu'ils l'ont un peu poussé, y a pas grand-chose. Tu sais… Les rumeurs quoi. »

Pas besoin de développer. C'est évident, ils n'ont pas avalé le coup du bar, et se sont servis de lui pour arriver à leurs fins. Belle brochette d'enculés. Il me raconte qu'ils ont d'ailleurs été entendus. Le bâtard qui m'a tiré dessus n'a pas lâché le morceau, ils sont sortis blancs comme neige. Le temps se gâte pour moi. Ils pourraient craindre une réaction de ma part, et pour parer à ça, finir le travail assez rapidement.

Ma convalescence ne sera pas très longue. Aucun de mes organes vitaux n'a été touché. Cécilia est toujours assise les yeux dans le vague.

« Francis, occupe-toi de Cé. Ramène-la à la maison. » Elle rouspète.

« Pas question ! Je reste ! » Le ton de sa voix est clair et net cette fois. Aucune envie d'aller contre sa volonté. Même un peu fier de la retrouver si forte. Je suis heureux de savoir qu'elle reste. Bien sûr plus tard, j'ai eu la visite de la famille poulaga. Ce fut vite bâclé. Ils connaissaient mon différent financier avec l'autre abruti. Mais doutaient qu'une aussi petite somme, engendre une tentative d'assassinat. Ils essayaient donc de me faire dire que mes ex-amis y étaient pour quelque chose. J'ai assez d'emmerdements, pas besoin de m'en créer d'autres. Je n'ai même pas porté plainte, la justice suit son cours.

J'ai passé deux semaines à l'hôpital pour les drains et les mèches. Pendant ce temps, Cécilia s'est occupée quand elle n'était pas avec moi, de nous trouver un petit nid d'amour à la campagne. Le plus souvent elle attendait que Magali vienne la remplacer. La blonde prenait la place de la brune. Un jour elle m'a roulé un joint que j'ai gardé pour la nuit. Je peux me lever aisément maintenant. Je l'ai fumé à la fenêtre. Si Cécilia apprend ça, elle nous crève les yeux à tous les deux.

C'est enfin la sortie. Après deux bonnes heures de route ; nous arrivons dans notre nouveau logis.

J'aperçois des voitures garées devant la maison. Des gens attablés sous un grand chêne, ils sont là !

Francis, Magali, Valérie, David, Madame Dasilva, il y a même Mathieu que Francis a embarqué pour le sortir un peu du quartier.

Une belle journée d'été entre amis. Deux mois plus tard, nous avons acheté une petite auberge en Ardèche. Nous y vivons heureux en recevant parfois la visite de ces personnes chères à nos cœurs. Elle est très bien placée, à plus de vingt kilomètres du premier PMU, c'est une très bonne chose.

Imprimé en Allemagne
Achevé d'imprimer en novembre 2023
Dépôt légal : novembre 2023

Pour

Le Lys Bleu Éditions
40, rue du Louvre
75001 Paris

www.ingramcontent.com/pod-product-compliance
Lightning Source LLC
Chambersburg PA
CBHW062343010826
49168CB00024B/234

* 9 7 9 1 0 4 2 2 1 1 9 1 2 *